沥青混合料厂拌热再生高效利用技术与应用实践

付建村　安 平　史陈鹏　盛余祥　等　编著

山东大学出版社
SHANDONG UNIVERSITY PRESS
·济南·

图书在版编目(CIP)数据

沥青混合料厂拌热再生高效利用技术与应用实践/付建村等编著.—济南：山东大学出版社，2024.2
ISBN 978-7-5607-8178-5

Ⅰ.①沥… Ⅱ.①付… Ⅲ.①沥青拌和料—研究 Ⅳ.①U414

中国国家版本馆 CIP 数据核字(2024)第 040481 号

责任编辑 宋亚卿
封面设计 王秋忆

沥青混合料厂拌热再生高效利用技术与应用实践
LIQING HUNHELIAO CHANGBAN REZAISHENG GAOXIAO LIYONG JISHU YU YINGYONG SHIJIAN

出版发行 山东大学出版社
社　　址 山东省济南市山大南路 20 号
邮政编码 250100
发行热线 (0531)88363008
经　　销 新华书店
印　　刷 山东和平商务有限公司
规　　格 720 毫米×1000 毫米 1/16
　　　　 10.25 印张 172 千字
版　　次 2024 年 2 月第 1 版
印　　次 2024 年 2 月第 1 次印刷
定　　价 56.00 元

《沥青混合料厂拌热再生高效利用技术与应用实践》编委会

主要编著人员

付建村　安　平　史陈鹏　盛余祥　胡宗文　姜　斌
蔡　翔　王　君　丁海洋　曹洪林　杨　飞　张守云

参与编著人员

张兆杰　刘方韬　李　贤　刘娅欣　秦泗龙　丁　伟
李明珠　姚爱超　张　欢　苑兆迪　刘士林　张婷婷
魏　敏　王媛媛　侯跃敏　黄军瑞　柳福修　丁　博
于　锋

参编单位

山东省交通科学研究院
山东交工建设集团有限公司
青岛高速集团有限公司
青岛市公路事业发展中心
日照交通能源发展集团有限公司
山东交通学院
平度市交通运输局
青岛市交通科学研究院

前　言

公路工程的发展历史也是工程材料的变革历史，高性能的材料支撑着高品质结构的设计，也推动了设备、工艺等配套设施和技术的进步。随着我国交通基础设施建设的加速推进，资源的保存与循环利用问题成为制约我国公路未来发展的瓶颈。高质、高值、高效、可靠、可持续的沥青路面再生技术，不仅可以保障公路工程质量，还可以实现社会效益、环境效益和经济效益的统一。

本书以实体工程为背景，在总结国内外先进经验的基础上，对沥青混合料厂拌热再生技术展开研究，重点对沥青路面铣刨及预处理技术、铣刨料性状差异及性能恢复、热再生沥青混合料配合比设计、生产及施工配套技术进行了系列研究，对基于热再生沥青混合料的路面结构进行了有针对性的设计和观测，建立了热再生材料高性能评价方法、关键指标体系和质量控制标准。此外，本书还从经济效益、环境效益等多个角度对厂拌热再生沥青混合料进行了较为全面的评估，可为读者应用及选择提供参考和依据。

热再生技术的全面普及，还需要政府、企业、科研机构和社会各界的共同努力。政府应加大对环保技术研发和推广的支持力度，出台相关政策和法规，为环保产业的发展创造良好的政策环境；企业应加强技术创新和管理创新，不断提高热再生技术的应用水平和市场竞争力；科研机构应加强应用基础理论研究和技术攻关，推动热再生技术的不断创新和提升。

本书涉及的成果主要由山东省交通科学研究院、山东交工建设集团有限公司、青岛高速集团有限公司等单位的付建村、安平、史陈鹏、盛余祥协作完成，胡宗文、姜斌、蔡翔、王君、丁海洋、曹洪林、杨飞等也为本书的编写付出了智慧和心血，在此谨向所有为本书辛勤付出的单位和个人表示衷心的感谢。

再生技术发展迅速，部分技术还有待进一步研究和试验。限于笔者水平，书中难免存在疏漏之处，部分观点和论述可能不够全面，欢迎读者批评指正。

作　者

2024 年 1 月

目 录

第1章　概　述

1.1　研究背景

由于交通荷载及自然因素的综合作用，沥青路面服役一定年限后，其面层会慢慢变薄并逐渐老化，出现诸如网裂、沉陷、车辙、拥包等各种病害，并逐步扩展，严重影响行车。沥青混凝土路面一般设计年限为15年，而通常实际使用年限仅10年左右。也就是说，每隔10～15年，沥青混凝土路面就需要翻修一次。为了节约能源、减少环境污染、合理利用路用资源、尽可能地减少废旧混合料堆放场地和降低路面工程造价，在进行沥青路面较大面积的网裂、龟裂、坑槽、车辙维修及局部维修等路面专项工程补修和路面大修时，应充分考虑废旧沥青路面材料的再生利用问题。

热再生主要有就地热再生与厂拌热再生两种形式，目前我国还没有完全掌握旧沥青混合料的热再生技术。通过重复利用旧沥青混合料，可以降低沥青混凝土废料对弃置场所及周边环境的污染，节约沥青和砂石材料，减少对原材料的需求量，缓解我国对沥青材料需求量的压力，同时还可以减少对石料的开采，能有效地保护林地，维护自然景观和生态环境等，符合我国可持续发展战略中废物资源化的要求。目前国内已有不少路面进行了再生处理，并取得了一定的效果。然而，热再生过程中涉及的材料较多且材料与热拌沥青混合料(hot mixture asphalt，HMA)有很大区别，同时再生后的沥青混合料与热拌沥青混合料也有着较大的区别，尤其是就地热再生混合料。但是，对于沥青混合料回收料

(reclaimed asphalt pavement，RAP)、厂拌热再生沥青混合料和就地热再生沥青混合料的评价目前仍没有一套完整的性能评价体系，大部分借鉴的是热拌沥青混合料评价体系。本书在沥青混合料热再生技术诸多优点的基础上，对RAP、热再生沥青混合料进行研究，探索RAP、热再生沥青混合料的关键技术指标，并与新的沥青混合料进行比较，建立热再生材料性能评价方法和关键指标体系，探讨质量控制标准。

1.2 研究目的和意义

随着公路的高速发展，我国于20世纪90年代以后陆续建成的高速公路已进入大、中修期，大量的翻挖、铣刨下来的沥青混合料被废弃，不仅会对环境产生巨大的危害，而且对于我国这种优质沥青极为匮乏的国家来说，也是一种资源的浪费[1]。由于我国目前还没有完全掌握旧沥青混合料的再生技术，旧沥青废弃量将达到每年220万吨，如能加以利用，每年可节省材料费3亿元以上，而且这个数字会以每年15%的速度增长[2]。在这种情况下，如何高效利用老化的沥青混合料，成为我们面临的首要问题。

沥青混合料再生技术是指对不能满足使用要求的沥青混凝土路面废料通过各种措施进行处理后重新利用的技术，包括对旧沥青混凝土路面进行翻挖、破碎、筛分，再与新集料、新沥青、再生剂(必要时)重新混合，形成具有预期路用性能的沥青混合料，并重新铺筑成路面面层[3]。沥青混合料再生技术通过重复利用旧路材料达到节约资源和保护生态环境的目的。国外的应用实践证明，沥青再生技术是公路建设可持续发展战略的重要组成部分，对我国现阶段也具有重要的实际意义。

随着我国经济和社会的发展，我国的公路事业也得到了快速的发展，公路里程在不断增长，公路等级也在不断提高，并且大量低等级公路得到改建和扩建，公路交通在国民经济中发挥着越来越大的作用。就我国目前的社会经济发展情况来看，沥青路面热再生技术总体来说具有以下两方面的优势：

(1)沥青路面热再生技术能最大限度地利用废旧沥青混合料，节省大量的砂石料和沥青资源，同时可有效节约开采砂石料和废弃旧料占用的大量土地资源。

我国石油沥青人均产量较低，而且利用国产原油炼制的沥青普遍存在沥青质低、蜡含量高、胶质多、芳香成分少、饱和成分多的特点，大多满足不了重交通石油沥青的路用性能技术要求。因此，适用于高等级路面的国产沥青的缺口很大，需大量进口沥青和适宜炼制沥青的原油，需求量的增加导致进口沥青的价格达到国际市场的两倍以上[4]。可见，重复利用沥青、节约沥青资源在我国具有非常重要的意义。在我国许多地区，适用于铺设高级沥青混凝土路面的玄武岩、石灰岩等石料也是非常稀缺的资源。为保证工程质量，有时不得不到数百千米以外的地方开采，远途运输大大提高了石料单价，如果不重复利用这些昂贵的石料，每次翻修路面都将给国家带来沉重的经济负担[5]。根据美国联邦公路管理局的调查，沥青混合料再生利用，可节约材料费用超过50%，降低路面造价25%左右，节约沥青50%左右。沥青再生技术在节约土地资源方面的作用也不容忽视。由于经济发达地区的公路密度大，交通量也较大，因此沥青混凝土路面翻修的频率较高，产生的废料相对较多，如果不加以利用，废弃旧料和新开采砂石料将占用这些地区大量的土地。

(2)沥青混合料再生技术通过重复利用沥青混合料，可以防止沥青混凝土废料对弃置场所及其周边环境的污染，同时通过减少石料的开采，能有效保护林地，维护自然景观和生态环境。

目前，普遍用于路面工程的石油沥青是由不同分子量的碳氢化合物及其非金属衍生物组成的复杂混合物，具有优良的黏附性、防水性和耐久性，其主要元素除碳和氢外，硫的含量占第三位。虽然有关资料显示石油沥青中不含致癌物质，但其化学惰性使其难于降解，长期堆放将影响堆填区及其周边的生态环境、居民食物和饮水健康[6-7]。因此，不妥善解决沥青混凝土废料的处置问题，就无法满足相应的环保要求。在经济发达地区，随着环保要求的提高，石料开采场被陆续关闭，以防止破坏环境。如果不发展沥青混合料再生技术，重复利用石料，相关措施将难以奏效。在欧、美、日等发达国家和地区，对环保的要求已超越鼓励、倡导的层面，上升到强制性的法律、法规的层面，如日本颁布了《资源有效利用促进法》、美国颁布了《露天采矿管控与政治法》等。经济发展的同时带来的生态环境破坏已引起了社会各界的高度关注。传统的公路养护方式往往需要铣刨掉大量的原路面材料，再摊铺上新的沥青混合料，这不符合我国发展循环经济、低碳经济的要求。同时，交通运输和道路养护行业又是碳排放大户。

为了促进交通运输和道路养护行业采用节能减排、循环低碳的施工方法，近年来我国出台了一系列政策、法规。例如：2011 年，财政部和交通运输部首次设立了交通运输节能减排专项资金，采取“以奖代补”的方式，每年评选一批项目，加强节能减排政策引导，激发广大交通领域企业实施节能减排项目的积极性，推进交通运输节能减排工作顺利开展；2011 年 9 月，交通运输部发布的《“十二五”公路养护管理发展纲要》中指出，“十二五”公路养护与管理工作应遵循“以人为本、安全第一、养护优先、依法治路、科技支撑、体制创新”的基本原则，强化环保意识，推行绿色养护，发展预防性养护、再生利用、安全监测等技术；2012 年 12 月 12 日，国务院总理温家宝主持召开国务院常务会议，研究部署发展循环经济，会议讨论通过了《“十二五”循环经济发展规划》，明确了发展循环经济的主要目标、重点任务和保障措施；2016 年，交通运输部发布《绿色交通标准体系(2016 年)》，对绿色低碳提出了更高要求；2019 年，中共中央、国务院印发的《交通强国建设纲要》中指出，要构建安全、便捷、高效、绿色、经济的现代化综合交通体系，且特别在第七条中指出，要推广废旧材料再生和综合利用；2022 年 4 月，交通运输部印发的《“十四五”公路养护管理发展纲要》中指出，必须更加坚持可持续发展，全面落实“公路建设是发展，公路养护管理也是发展，而且是可持续发展”的理念。

总之，随着原材料价格的上涨，我国公路养护及改扩建的成本也在逐年增加。建设节能减排、绿色环保的沥青路面已经成为我国社会发展的必然趋势，也是我国沥青路面进一步发展的必然要求。因此开展旧沥青混合料回收工作，研究旧沥青路面混合料的再生技术就十分关键。

本书通过大量的试验和实体工程验证，对 RAP 的老化特性和再生利用率，热再生沥青混合料的配合比设计方法、关键技术指标，热再生沥青混合料的体积性能与路用性能，再生料的特性与热再生设备改造技术等进行研究，提出适合高速公路养护、维修工程沥青混合料热再生的关键技术指标和性能控制标准、设计方法和设备改造方法、相关的热再生施工工艺流程，提高再生混合料的使用效率和使用性能，扩展再生混合料的应用范围，提高废旧路面混合料的利用效率。

1.3　国内外研究现状

1.3.1　国外研究现状

就全球范围来说，沥青混合料再生技术早在 20 世纪早期就已经被应用在实际工程中，但在 1973 年的石油危机爆发前，该再生技术没有受到足够的重视。石油危机的出现推动了沥青路面再生技术的进一步发展。到 20 世纪后半叶，沥青路面再生技术已经取得了相当可观的研究成果，美、英、德、日等国家相继编制了适合本国应用的一系列再生技术手册、指南和规范。相对于欧美，亚洲地区除日本以外各国的沥青路面再生技术研究起步较晚。随着对该项技术所带来的巨大环境效益与经济效益认识的加深，亚洲各国加快了对该技术的研究，目前该技术已在各国得到了普遍应用。

美国从 20 世纪 70 年代开始对沥青路面再生技术进行大规模研究，是世界上较早开展沥青路面再生利用研究的国家[8]。从 2007 年起，美国道路行业开始致力于提高 RAP 在沥青路面中的循环利用率。根据美国沥青路面协会(National Asphalt Pavement Association)2007 年的调查结果显示，全美再生沥青混合料中平均 RAP 掺量仅为 12%。尽管当时的调查显示国家对 RAP 掺量的限制十分严格，但一些地区仍然持续探索提高再生沥青路面 RAP 掺量的可行性。美国各州交通运输部(Department of Transportation，DOT)的统计数据表明，在 2007 年后的几年内，美国再生沥青混合料的 RAP 掺量呈现逐年上升的趋势。2007—2009 年，美国有 27 个州提高了再生沥青混合料中的最大 RAP 掺量限值，推动全美再生沥青混合料中的 RAP 掺量从 12%提高到 16.2%[9]。截至 2012 年，美国再生沥青混合料中的 RAP 掺量增加到接近 20%[10]。

作为一个资源匮乏的国家，在石油危机爆发后，日本加大了对旧沥青路面再生利用技术的研究力度。日本从 1976 年开始对沥青路面再生技术进行研究，截至 2013 年，日本平均有 47%的 RAP 被重新用于沥青路面铺筑中。日本每年生产热拌沥青混合料约 5000 万吨，在这些沥青混合料中，含有 RAP 的沥青混合料大约有 3800 万吨[11]。在日本，许多沥青拌和站会在厂区附设加工 RAP 的设施，负责接收不同来源的 RAP，再加工成可用的 RAP 堆。铣刨的

RAP 从工程现场到被处理、再生、用于新的沥青路面，整个过程可追溯。此外，日本官方机构对厂拌热再生沥青混合料制定的规范也力求简单，并不像美国那样提出各种限定条件，这使得日本的施工承包商和道路业主可以遵从一个简单的配合比设计和材料试验过程，以进行高 RAP 掺量厂拌热再生沥青混合料的生产和铺筑。与美国同行相比，日本官方机构的做法对提高 RAP 在沥青混合料中的掺量起到了积极的推动作用。

欧洲国家对沥青路面再生技术的研究起步早，且对环保十分重视。20 世纪 70 年代中期，德国、芬兰、法国和荷兰等国家相继对沥青路面再生技术进行了小规模的试验研究，并迅速推广应用；相比之下，德国沥青路面再生技术研究的发展速度较快，居欧洲之首位。德国首先将厂拌再生技术应用于高速公路的路面养护，到 1978 年，德国已可以将全部废旧沥青混合料再生利用，并以法律形式加以执行。某些大型的机械和施工公司开发研制了专门进行废旧沥青混合料再生的施工机械，并且制定了与其配套的施工技术规范，其技术已推广到世界很多国家和地区。芬兰几乎所有的城镇都会把旧沥青路面材料收集和储存起来。过去再生材料主要用于低等级公路的路面和基层，近几年已开始应用于重交通道路和高速公路。沥青路面再生技术在法国的发展历程与芬兰相似。法国公路局现在对再生技术的研究也颇为重视，并开始在高速公路和一些重交通道路的路面修复工程中逐步推广应用路面再生技术。2003 年，欧洲沥青路面协会（EAPA）对其成员国的废旧沥青路面回收材料的利用率进行了公布，其中已有成员国家的利用率达到了 100%[12]。丹麦、德国、卢森堡以及荷兰在沥青路面热再生技术中使用了 RAP，但是对于 RAP 的使用主要集中于碎石基层，在沥青面层尤其是上面层中使用的 RAP 依旧较低，仅为 10%～20%[13]。

如今，这些国家均在沥青路面再生领域取得巨大成就，沥青路面再生技术已经作为一种常规方法被应用在公路的日常养护和建设中。

1.3.2 国内研究现状

我国对沥青混合料再生技术的研究以 20 世纪 80 年代为分水岭，虽然在此之前的 20 世纪 50 年代，我国就曾尝试利用废旧沥青混合料作为筑路材料，但由于处理过程简单，再生沥青混合料性能不佳，一般只用于轻交通道路、人行道或道路垫层。20 世纪 70 年代初期，湖北、山西等省公路养护部门将开挖的旧沥青面层材料用于基层，所修筑试验路的行车性能良好，从技术、经济上证明了废旧沥青混合料再生利用的可行性[14]。

20 世纪 80 年代末到 90 年代初期，伴随着高等级公路的大规模建设，人们将主要精力放在了新建公路上，路面再生技术的研究基本处于停滞状态。再加上当时的公路等级低，旧沥青路面再生的问题不是特别突出，故迟迟没有研发出实用的旧沥青路面再生技术及设备。

随着西方国家对沥青混合料再生技术研究的深入，我国也意识到这一技术在经济和环保上的重大意义。1982 年，交通部将沥青混凝土路面再生利用作为重点科技项目下达，由同济大学负责该课题研究的协调，在山西、湖北、上海、天津等省市结合道路的大、中修工程分别铺筑了试验路，对沥青路面再生技术开展了比较系统的试验研究[15]。对于废旧渣油路面材料热再生利用，山西省和湖北省的公路部门通过在旧渣油路面中加入新沥青和新集料，重新加热拌和后铺筑了试验路。对于废旧沥青路面材料的冷再生利用，我国江苏和湖南等省早期曾进行过乳化沥青冷拌再生废旧渣油路面材料的研究，但仅局限于小范围的室内试验和少量的试验路。

建设部于 1983 年下达了“废旧沥青混合料再生利用”研究项目，由上海市市政工程研究院、武汉市市政工程设计研究院、天津市市政工程研究所等单位承担，主要研究方向是尝试将轻油视作再生剂加入废旧渣油路面材料中使之软化，用以替代新拌沥青混合料，并将这一部分再生沥青混合料铺筑到混合料用量较多的下面层，拌和设备采用已有设备的改装[16]。借此研究，我国在苏州、武汉、天津、南京四个城市铺筑了 30000 m^2 以上的再生沥青混合料试验路段，试验路段路用效果观测表明：再生沥青路面的综合路用性能不劣于新拌沥青混合料路面。

交通部于 1991 年 6 月发布了《热拌再生沥青混合料路面施工及验收规程》(CJJ 43—91)[17]。该规程从原材料的采集、旧沥青路面的翻挖，到再生沥青混合料的配合比设计及制备等方面都做了相应的规定，但限于当时我国社会和经济条件，修建的沥青路面等级较低，沥青面层种类复杂，既有沥青碎石，也有沥青表处、贯入式沥青面层等，只有少量的高等级沥青混凝土面层，所修建的沥青面层的厚度也较薄。因此在当时的条件下，废旧沥青混合料成分复杂，再生利用价值相对较低。从 20 世纪 90 年代后期开始，一些公路养护单位尝试将旧料简单再生后用于低等级公路或道路基层。如1997年江苏淮阴市公路处用乳化沥青冷再生旧料铺筑路面，取得了一定效果[18]。我国第一条开工建设的高速公路——沈大高速公路也在20世纪末进行了再生重铺。在施工过程中，针对旧沥青的化学组分，结合沥青材料的路用性能，使用再生剂和低黏度沥青进行调配[19]。室内试验结果表明，再生沥青基本满足高速公路对沥青的技术要求，可用在沥青路面中下层，也可用于修筑一般公路。新路建设的迅猛发展导致产生了大量急需解决的新困难与新问题，解决这些新困难与新问题成为这个时期公路科研的主题。公路科研重心的转移导致对废旧沥青混合料再生技术研究的重视程度下降，再加上当时的沥青路面较少，产生的旧沥青材料何去何从的问题不是特别突出，故关于沥青再生技术及设备的研发工作被搁置下来，致使我国对这方面研究的深化与延伸在这个时期基本处于停滞状态。

进入21世纪，伴随着我国大量高等级公路的大修与重建，旧沥青路面材料的再生利用问题重新得到重视并引起广泛关注。北京、辽宁、广东、江苏、上海、河北、江西、陕西、天津、山东、湖北、吉林等省份相继开展了面积不等的沥青路面再生工程。2001年10月，交通部颁发了《公路沥青路面养护技术规范》(JTJ 073.2—2001)，对再生沥青混合料的级配及技术标准等做出了一定的规定[20]。2001年年底，北京路新沥青混凝土有限公司与日本大成道路技术株式会社合资的北京路新大成沥青混凝土有限公司建成沥青回收厂，并铺筑了一定的试验路段。2002年5月，广东冠粤路桥有限公司在华南理工大学道路工程研究所的协助下，在广佛高速公路大修工程中实践了连续式厂拌热再生技术。2003年6月，上海浦东路桥(集团)有限公司采用维特根现场热再生复拌加铺工艺技术对沪宁高速公路上海段进行了现场再生养护施工[21]。

2004年，美的集团旗下的佛山市威特公路养护设备有限公司研发出全球首台沥青路面微波养护设备，并于2005年成功推向市场。其后，沥青路面微波养护技术在高级公路的路面养护中得到了广泛的应用[22]。为适应市场需求，佛山市威特公路养护设备有限公司又陆续推出了“微波王252TA综合养护车”“灵特142TB微波路面养护车”等一系列沥青路面微波养护设备。沥青路面微波养护技术主要针对沥青路面养护而研发，可直接用于沥青路面中、小修，对沥青路面出现的松散、麻面、网裂、坑槽、龟裂、车辙、拥包、翻浆、蜂窝、软路基、滑坡道等病害进行快速修补，适用于高速公路、城市道路、机场跑道等路面。国内其他养护机械制造企业也于同期瞄准沥青路面微波养护市场，开始从事沥青路面微波养护产品的开发，随后逐渐推出了一些沥青路面微波养护设备[23-24]。

2006年，重庆通力高速公路养护工程有限公司在重庆交通大学的技术支持下，在成渝高速公路荣昌段进行了厂拌热再生试验段施工。湖北省高速公路实业开发有限公司在汉十高速公路襄樊段维修工程中采用了维特根现场热再生复拌加铺工艺和整形再生技术。目前，海南高速公路股份有限公司、兰州市公路局、辽宁省高速公路管理局等省市公路养护单位正在积极探索旧沥青路面的再生工艺技术。

2008年7月，交通运输部颁发了《公路沥青路面再生技术规范》(JTG F41—2008)，对再生沥青混合料用材料技术要求，旧沥青路面材料的回收处理及试验要求，再生混合料设计及技术要求，各种再生方法的施工工艺、质量控制、验收标准及相关试验方法等做出了具体的规定[25]。东南大学等针对我国沥青路面状况研制的A型再生剂，重庆交通科研设计院下属的重庆市智翔铺道技术工程有限公司利用沥青的流变学理论和相似相容理论等研制的ZS型沥青热再生剂，已被成功应用于湖北汉十，重庆成渝、渝涪等高速公路维修工程中。

截至2008年年底，北京市道路总里程达26921 km。公路在维护保修期间，大量沥青路面材料被废弃，既浪费资源也污染环境。据统计，该市每年由于道路翻修改造产生废旧沥青混合料 $1\times10^6\sim1.5\times10^6$ t，而得到再生利用的仅有 $6\times10^4\sim7\times10^4$ t，仅占沥青混凝土年度使用量的2%，其余的100多万吨废旧沥青混合料被作为建筑垃圾抛弃。据北京路桥瑞通养护中心消息，该中心于2009年投资近2000万元从德国购置了2台大型移动式沥青再生设备，直接用于废旧沥青回收再利用施工。废旧沥青回收再利用是北京市公路施工工艺的一次变革。经过研究，北京瑞通路桥养护中心在全市设置了21个“北京市路用材料环保再生站”，对养护施工所产生的沥青废弃料全部回收利用，无偿提供遍布全市的路用材料环保再生站，同时，在北京市范围内24 h回收废弃沥青混合料。

近十余年来，为了更好地再生利用废旧沥青混合料，我国从国外购买了大量的大型沥青路面再生设备，国内很多道路机械设备生产商也加快了开发和研究再生设备的进程，这使得我国沥青路面的再生工作不再仅仅局限于实验室中的理论研究，再生沥青混合料应用于实际工程中的案例也逐渐增多。一些高校和科研机构也开始对再生沥青混合料路面的结构和路用性能进行研究，其中一些研究成果已被应用于实际道路工程中[22-27]。国内对再生沥青混合料的长期使用性能如疲劳性能、永久变形性能等的研究较少，主要因其试验过程比较复杂，需要制备大量试件且花费时间较长；加之国内大部分再生沥青混合料主要应用于一般公路，对其进行长期性能的研究价值不高。综合国内外对再生沥青混合料的疲劳性能和永久变形性能的研究成果，适当增加 RAP 的掺量会使得再生沥青混合料的永久变形性能略有提高或无影响，但会对其疲劳性能产生不利影响。这是因为沥青混合料中加入了经长期老化的 RAP 材料，RAP 中的沥青变得硬脆，致使再生沥青混合料强度增加，高温抗变形能力增强，而疲劳性能会出现一定程度的下降[28]。

综上所述，与发达国家相比，我国的沥青路面再生利用，无论从再生利用方式、材料性能还是实用施工技术的研究方面，均处于摸索阶段，都还没有形成完整的设计方法、施工工艺和质量控制标准，这些都有待公路工作者的进一步研究和试验。

第 2 章　RAP 高效利用的预处理技术

不同结构层、混合料类型的 RAP 应该分别回收、分开堆放，不得混杂。RAP 回收可选用冷铣刨、机械开挖等方式，铣刨料进行破碎筛分时应本着减小材料变异性的原则。RAP 在回收和存放时不得混入半刚性基层废料、水泥混凝土废料、土等杂物。

2.1　基于 RAP 级配变异控制的冷铣刨速率确定

本书采用冷铣刨机以两种不同速度（3 m/min 和 6 m/min）进行路面单层铣刨。将铣刨回来的 RAP 利用筛分机筛分成 0～9.5 mm 和 9.5～19.5 mm 两档，并分别取料进行抽提筛分试验，分析其级配变化，如图 2-1 所示。

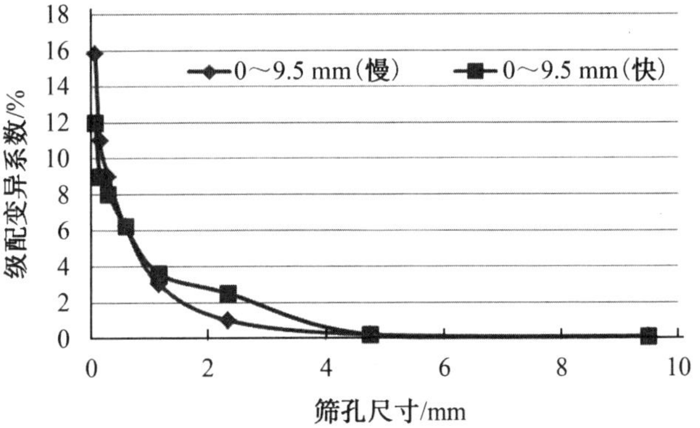

(a)0～9.5 mm 档 RAP

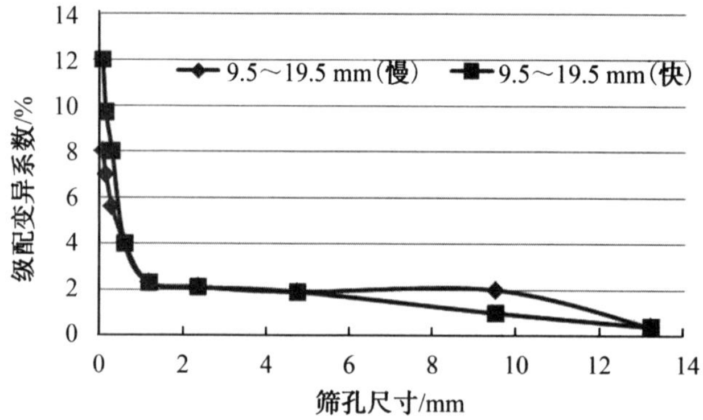

(b)9.5～19.5 mm 档 RAP

图 2-1　0～9.5 mm 和 9.5～19.5 mm 档 RAP 级配变异系数

由图 2-1 可以看出：

(1)同一公称粒径，随着筛孔尺寸的增加，各级筛孔通过率的级配变异系数整体呈变小趋势。

(2)同一公称粒径，慢速铣刨时各级筛孔通过率的级配变异系数小于快速铣刨，但慢速铣刨与快速铣刨的级配变异系数差距不显著。鉴于工程实际和经济原则，建议采用铣刨速率为 5～7 m/min。

2.2　基于 RAP 级配变异控制的分档方式确定

回收的旧沥青混合料来自不同区域、不同路段时，其级配差异会很大；即便在同一路面上铣铇出来的沥青混合料，其级配也不相同，RAP 级配变异会对再生沥青混合料的路用性能产生一定的影响。为减少 RAP 级配变异，需对 RAP 进行破碎加工处理。

本书通过对比分析破碎筛分(一次破碎为颚式破碎，二次破碎为辊式破碎)和未破碎筛分 RAP 的级配变异性，提出合理的分档方式。级配变异系数对比如图 2-2 所示。

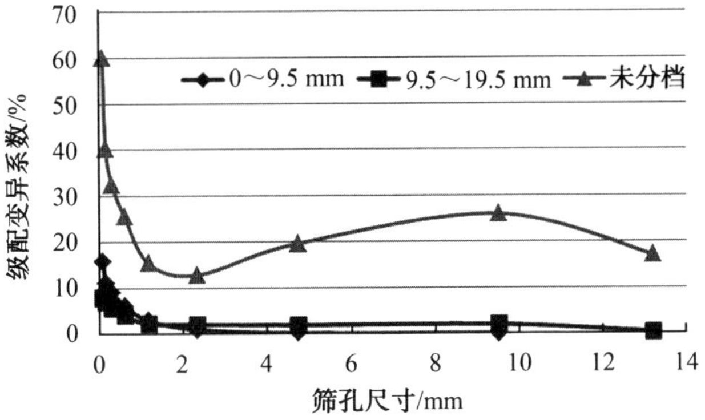

图 2-2　RAP 破碎筛分与未破碎筛分级配变异系数对比

由图 2-2 可知，RAP 破碎筛分能有效地降低级配的离散性，减少变异性。未破碎时的级配变异程度明显大于破碎分档后的级配变异程度，其中筛孔为 2.36 mm和 4.75 mm 时级配变异系数较小，而筛孔大于 9.5 mm、小于 1.18 mm 时级配变异系数较大，说明矿料级配在两端处的变异较大。破碎筛分可实现对 RAP 的均匀性进行有效控制，减小级配变异性，保证再生沥青混合料的路用性能。因此，有必要对 RAP 进行破碎筛分处理，并将处理后的 RAP 筛分成不少于两档的材料，以减小 RAP 回收材料的变异性。

2.3　基于混合料抗水损害性能的 RAP 清洁度要求

RAP 中的粉尘浓度过高，不仅会影响再生混合料的材料组成与性能，也会对整个再生工艺的实施产生明显影响，大幅度降低再生施工质量。图 2-3 所示为新沥青混合料和再生沥青混合料中的泥土掺入量与集料砂当量(SE)的关系。不同清洁状态下新沥青混合料和再生沥青混合料内的集料砂当量与冻融残留强度比(TSR)的关系如图 2-4 所示。

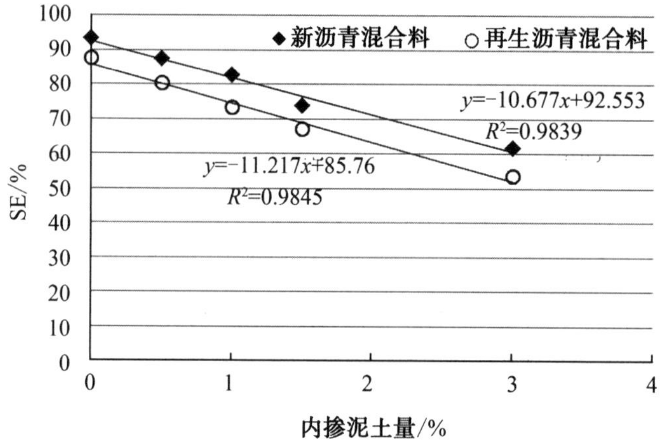

图 2-3 两类沥青混合料内掺泥土量与集料砂当量的对应关系

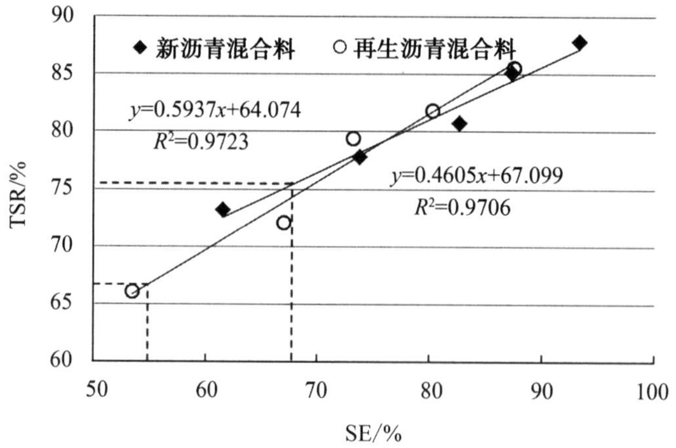

图 2-4 两类沥青混合料内集料砂当量与 TSR 的对应关系

由图 2-4 可以看出，对新沥青混合料而言，SE 值不小于 67%时，TSR 可以保持在 75%以上；对旧沥青混合料而言(RAP 掺量为 25%)，按照《公路沥青路面再生技术规范》(JTG/T 5521—2019)中的要求，SE 值的下限为 55%，此时混合料的 TSR 仅为 67%，并不能满足沥青混合料的最低值要求。要使 TSR 满足要求，不仅需要严格控制 RAP 的清洁度，即 SE 值应大于 70%，还需要采取抗剥落措施来提高混合料的抗水损害性能。

2.4　RAP 预处理对铣刨料理论最大掺量的影响

2.4.1　RAP 分档对铣刨料掺量的影响

本书采用某高速铣刨料，并将其设置为 0～9.5 mm 和 9.5～19.5 mm 两档，各档铣刨料的抽提筛分结果分别如表 2-1 和表 2-2 所示。

表 2-1　0～9.5 mm 档铣刨料抽提筛分结果

试样编号	混合料质量/g	矿料质量/g	沥青质量/g	沥青用量/%	沥青用量修正值/%	修正后平均值/%
1	1460.9	1390.5	70.4	4.8	0	4.8
2	1469.9	1400.1	69.8	4.7		
筛孔尺寸/mm		分计筛余/g		通过率/%		平均通过率/%
		1 号	2 号	1 号	2 号	
13.2		0.0	0.0	100.00	100.00	100.00
9.5		18.1	25.7	98.70	98.17	98.44
4.75		353.2	363.6	73.30	72.20	72.75
2.36		319.8	316.7	50.30	49.58	49.94
1.18		154.3	152.7	39.20	38.67	38.94
0.6		178.0	152.4	26.40	27.79	27.10
0.3		115.4	159.1	18.10	16.43	17.27
0.15		64.0	55.1	13.50	12.49	13.00
0.075		40.3	33.8	10.60	10.08	10.34
筛底		147.4	141.1	0.00	0.00	0.00
合计		1390.5	1400.2			

表 2-2 9.5～19.5 mm 档铣刨料抽提筛分结果

试样编号	混合料质量/g	矿料质量/g	沥青质量/g	沥青用量/%	沥青用量修正值/%	修正后平均值/%
1	1512.5	1480.4	32.1	2.1	0	2.1
2	1546.8	1514.2	32.6	2.1		
筛孔尺寸/mm	分计筛余/g		通过率/%		平均通过率/%	
	1号	2号	1号	2号		
26.5	0	0	100.00	100.00	100.00	
19	37.0	27.6	97.50	98.14	97.82	
16	230.9	254.3	81.90	81.39	81.65	
13.2	273.9	292.3	63.40	62.08	62.74	
9.5	450.0	460.8	33.00	31.65	32.33	
4.75	205.8	205.6	19.10	18.07	18.59	
2.36	72.5	47.0	14.20	14.97	14.59	
1.18	22.2	43.5	12.70	12.10	12.40	
0.6	42.9	29.7	9.80	10.14	9.97	
0.3	41.5	49.6	7.00	6.86	6.93	
0.15	26.6	29.9	5.20	4.89	5.05	
0.075	19.2	15.4	3.90	3.87	3.89	
筛底	57.7	58.6				
合计	1480.2	1514.3				

铣刨料经破碎筛分后，为实现对其高效利用，在级配调试过程中应保持 9.5～19.5 mm铣刨料∶0～9.5 mm 铣刨料＝1∶3(质量比)，根据各原材料筛分结果对项目用 AC-25 沥青混合料矿料级配和AC-20沥青混合料矿料级配进行合成。级配计算曲线分别如图 2-5 和图 2-6 所示。

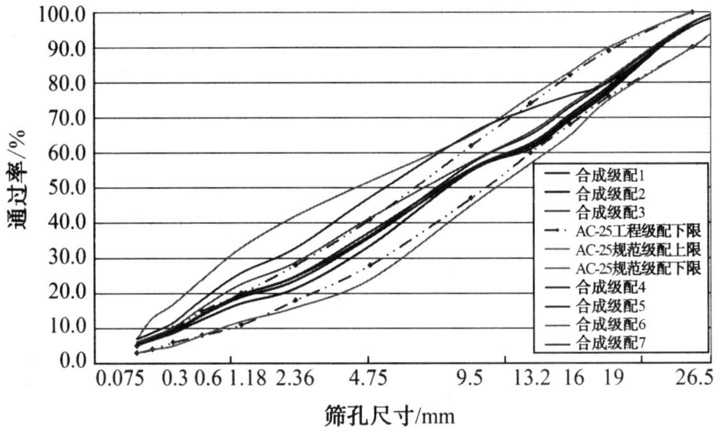

图 2-5　AC-25 沥青混合料矿料级配计算曲线图

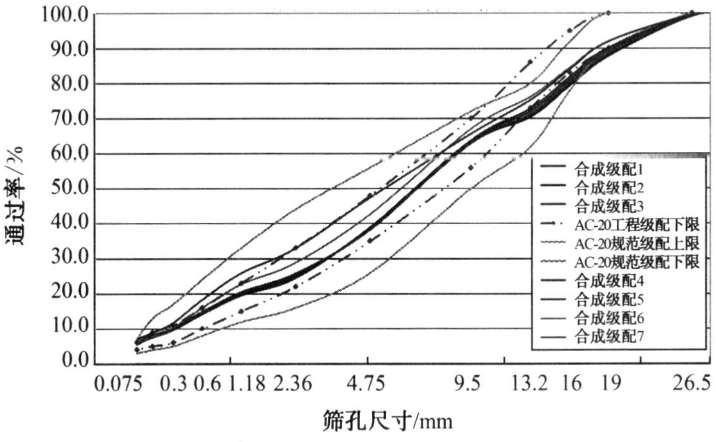

图 2-6　AC-20 沥青混合料矿料级配计算曲线图

通过分析可得出以下结论：

(1)粗、细铣刨料按照 1∶3 的比例进行级配调试时，在满足规范级配范围的情况下，AC-25 沥青混合料的 RAP 掺量可以达到 70%，AC-20 沥青混合料的 RAP 掺量可以达到 80%。这说明中粒式沥青混合料较粗粒式沥青混合料有更高的 RAP 利用率。

(2)通过文献调研，根据常规热拌沥青混合料的研究成果，随着粉胶比(级配曲线上 0.075 mm 对应的矿料通过率/沥青用量)的增大，沥青胶浆的高温性能将得到改善，但当其增加到一定程度时，高温性能的改善幅度明显降低。对高温性能指标的分析结果显示，粉胶比不宜超过 1.4；随着粉胶比的增大，沥青胶浆的低温性能变差。从低温性能方面考虑，粉胶比不宜超过 1.2。在进行沥青混合料设计时，在确定沥青用量及混合料最终级配曲线时，要严格控制粉胶比，并采用水筛法确定矿料通过0.075 mm筛孔的通过率。

(3)从级配调试情况来看，由于 RAP 均为连续级配，因此无论将其分两档还是三档，通过合理的梯级搭配都可以绘制出连续的级配曲线，且都可以通过掺加一定比例的新集料对级配进行优化。

研究发现，在不考虑粉胶比的情况下，粗粒式沥青混合料中的 RAP 掺量已接近 80%，且新掺加的集料尺寸均为 20～30 mm。三档备料(0～5 mm、5～9.5 mm、9.5～19.5 mm)虽然可减少各档铣刨料的变异，但对 RAP 利用率的提高作用不大，且 0～5 mm 档 RAP 筛分效率受含水率的影响较大，综合考虑建议采用两档备料。

(4)厂拌热再生沥青混合料初步设计应保证粗、细集料合理搭配。由于 RAP 破碎筛分过程中较细一档的集料要远多于较粗一档的集料，因此在不确定 RAP 破碎筛分后粗、细集料比的情况下，在级配调试过程中应遵循铣刨料掺量 $RAP_{细}>RAP_{粗}$ 的原则，依据现行规范确定最终级配曲线，同时对级配曲线的粉胶比进行检验，保证在常规沥青用量下粉胶比小于 1.3，从而实现利用率与经济性的均衡。假设 a 为热再生沥青混合料铣刨料的总掺加量，同时级配计算完成后均需检验常规沥青用量下粉胶比是否小于 1.3，则具体铣刨料用量设计规则如下：

①当 $a\leqslant 20\%$ 时，$RAP_{细}=a$，$RAP_{粗}=0$；

②当 $a>20\%$ 且铣刨料过剩时，$RAP_{细}>RAP_{粗}$，$RAP_{细}+RAP_{粗}=a$；

③当铣刨料要求全部应用时，$RAP_{细}/RAP_{粗}=b\,(b=1\sim 3/2)$，$RAP_{细}+RAP_{粗}=a$。

2.4.2 RAP 加热温度对铣刨料掺量的影响

在沥青路面施工过程中，如果混合料的拌和温度和压实温度达不到要求，则施工过程中会出现离析、孔隙率偏大等问题，路面会产生车辙、水损害等早期破坏，因此控制拌和温度和压实温度一直是混合料拌和工艺的核心环节；而厂拌热再生沥青混合料由于其材料组成的复杂性，混合料出料温度会受到多方面因素的影响，因此有必要对相关问题进行深入的研究。

2.4.2.1　RAP 的加热温度

关于 RAP 的加热温度，目前还没有形成统一的标准，大多依据实际设备的加热能力而定。已经达成共识的是，RAP 的加热温度应该在一个合理的范围内。当 RAP 的加热温度太低时，为了满足混合料的出料温度，则需要过度提高新料的加热温度，这会造成新集料质量的下降。而当加热温度太高时，一方面会造成 RAP 中的沥青熔化，使 RAP 黏结成团堵塞设备；另一方面又会造成 RAP 中沥青的进一步老化，从而影响再生混合料的质量。因此，实际生产过程中需要根据 RAP 掺量、现场 RAP 的老化程度对 RAP 的加热温度进行调整。

2.4.2.2　再生混合料的出料温度

再生混合料的出料温度不仅受到新集料加热温度的影响，而且与 RAP 含水率、RAP 掺量和 RAP 的加热温度有关。本书通过实验室试拌进一步确定不同 RAP 掺量下 RAP 和新集料合理的加热温度。试拌试验中，RAP 的加热温度分别取 70 ℃、90 ℃、110 ℃和 120 ℃，新集料的加热温度分别取 185 ℃、200 ℃、215 ℃。为保证集料充分加热，并尽量消除集料含水率的影响，RAP 保温时间取 2 h，新集料保温时间取 4 h，RAP 掺量选取 30%、40%、50%、60%，拌和温度采用常规 165 ℃，拌和时间统一为 90 s。再生混合料拌和好之后，利用温度计测试再生混合料在 3 个不同位置的温度，以其平均值作为再生混合料的出料温度。试验结果如表 2-3 所示。

表 2-3　不同 RAP 掺量下再生混合料的出料温度汇总

RAP 的加热温度/℃	新集料的加热温度/℃	不同 RAP 掺量对应的混合料出料温度/℃			
		30%	40%	50%	60%
70	185	120	115	110	105
70	200	133	125	120	115
70	215	140	135	130	123
90	185	140	135	125	120
90	200	145	138	130	120

续表

RAP 的加热温度/℃	新集料的加热温度/℃	不同 RAP 掺量对应的混合料出料温度/℃			
		30%	40%	50%	60%
90	215	149	142	135	130
110	185	150	145	135	130
110	200	155	153	150	140
110	215	167	165	160	150
120	185	152	147	143	140
120	200	160	155	150	140
120	215	170	165	160	150

注:沥青的加热温度为 155 ℃。

由表 2-3 可知,在新、旧集料加热温度不变的条件下,再生混合料的出料温度随 RAP 掺量的增大而减小。另外,《公路沥青路面再生技术规范》(JTG/T 5521—2019)中规定,厂拌热再生沥青混合料的出料温度宜比热拌沥青混合料高 5～15 ℃,结合热拌沥青混合料的拌和温度,厂拌热再生沥青混合料适宜的出料温度应为 160～170 ℃。这样来看,RAP 掺量高于 50%的再生混合料的出料温度很难满足要求。

研究表明,在混合料中添加适量温拌剂不仅可降低混合料所需的出料温度,同时还能保证混合料性能接近或者达到常规热拌沥青混合料,所以本书提出在再生混合料中添加适量温拌剂来保证高 RAP 掺量混合料的施工质量。

2.4.3 RAP 含水率对铣刨料掺量的影响

RAP 的含水率过高,不仅会影响再生混合料的材料组成与性能,而且也会对整个再生工艺的实施产生明显影响,最重要的是会对再生混合料的出料温度产生明显的影响,从而大幅度降低再生施工质量和铣刨料的掺量。本小节从 RAP 含水率对混合料劈裂强度和残留稳定度的影响(见图 2-7),以及 RAP 含水率对生产加热效率的影响等方面展开论述。

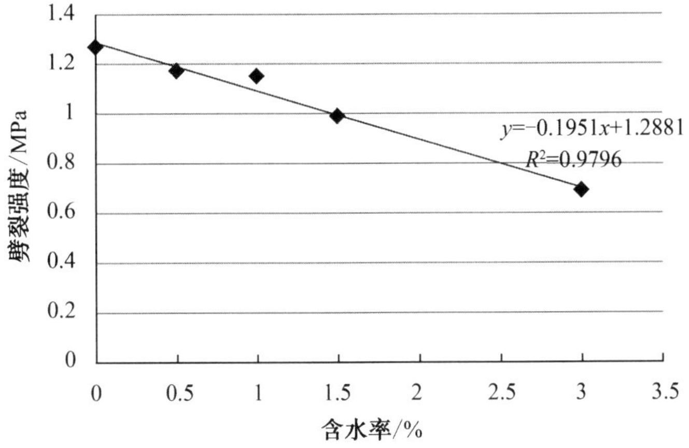

(a)含水率与劈裂强度的关系

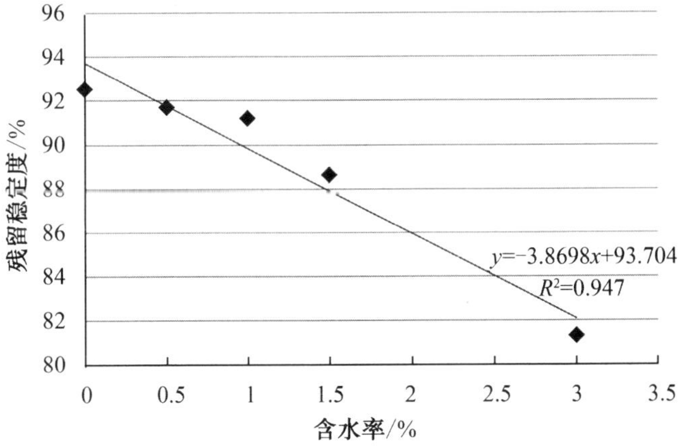

(b)含水率与残留稳定度的关系

图 2-7 RAP 含水率与劈裂强度和残留稳定度的关系

从图 2-7 中可以看出，RAP 含水率与劈裂强度和残留稳定度存在负相关的关系。RAP 含水率较大时，内部水分无法完全消除，预热不充分时，RAP 颗粒团无法充分分散，与新集料、新沥青拌和不均匀，在荷载作用下易出现应力集中，导致劈裂强度下降。同时，水分的存在将导致沥青-集料界面的黏结力下降，强度和水稳定性下降。此外，含水率的增加，也会影响间歇式拌和站的加热效率，导致同等生产条件下，RAP 的加热效能下降。

RAP 的含水率过高会直接影响混合料的拌和效率和生产成本，因此在实际生产中必须严格控制 RAP 的含水率。相关研究表明，水的比热容为 4182 J/(kg·℃)，是沥青的 2.5 倍，是集料的 5 倍多，同时水的汽化热为 2260 kJ/kg，使水在达到沸点蒸发时会带走大量的热量，因此含水率高的 RAP 将严重影响混合料的出料温度。胡林[29]在其论文中研究了含水率对混合料出料温度的影响，其在固定 RAP 和新集料加热温度的条件下，测试不同 RAP 掺量的再生混合料在含水率增加 1%时的出料温度降低值。研究结果表明，由于 RAP 中水分的存在，再生混合料的出料温度明显降低；并且随着 RAP 掺配比例的增加，混合料的出料温度进一步降低，当 RAP 掺量达到 30%时，含水率增加 1%，混合料的出料温度降低 10 ℃左右。

综上可知，当 RAP 掺量达到 40%以上时，若含水率大于 2%，拌和站在最大功率下，混合料的出料温度很难达到 145 ℃以上。因此，在进行高掺量厂拌热再生沥青混合料设计时，更应该考虑 RAP 含水率的影响，尽量采用干燥的 RAP，使其含水率不高于 2%。同时，在实际生产过程中，对 RAP 应进行严格管理，尽量将 RAP 堆放在地势较高且坚硬的场地上，并采用雨棚或覆盖等措施，做好防水、排水工作，尽量减小 RAP 的含水率。

本章小结

(1)通过对现场铣刨速率及分档预处理对 RAP 级配变异性影响的研究，本书主要得出以下结论：

①慢速铣刨时各级筛孔通过率的级配变异系数小于快速铣刨，但慢速铣刨与快速铣刨的级配变异系数差距不显著，建议采用铣刨速率为 5～7 m/min。

②破碎筛分后各档 RAP 的级配变异性得到较好的控制。破碎筛分可实现对 RAP 均匀性进行有效控制，减小级配变异性，关键筛孔通过率的变异系数可由 15%以上降为 3%左右。

(2)结合铣刨料情况，通过 RAP 分档等级对 RAP 掺量的影响，本书主要得出以下结论：

①从级配调试情况来看，中粒式沥青混合料较粗粒式沥青混合料有更高的铣刨料利用率。三档备料虽然可以减少 RAP 的级配变异性，但对 RAP 利用率的提升作用不大，在综合考虑级配和粉胶比(本书控制粉胶比小于 1.3)的情况

下，由级配计算曲线可知，AC-25 和 AC-20 沥青混合料的最大 RAP 掺量为 50%。

②根据级配计算结果，可采用粗、细集料用量设计规则来实现利用率与经济性的均衡。

(3)通过 RAP 加热温度和 RAP 含水率对 RAP 掺量影响的研究，本书主要得出如下结论：

①针对 RAP 不同的加热温度，可采用不同的新集料温度控制策略。RAP 的加热温度宜为 110～130 ℃。依据现行规范，厂拌热再生沥青混合料的出料温度宜比热拌沥青混合料高 5～15 ℃；结合热拌沥青混合料的拌和温度，厂拌热再生沥青混合料适宜的出料温度应为 160～170 ℃。由此可见，在不采用温拌手段的情况下，RAP 的极限掺量为 50%。

②当 RAP 掺量达到 30%时，含水率增加 1%，混合料的出料温度降低10 ℃左右，由此得出当 RAP 的含水率为 2%，拌和站在最大功率下时，即使采用温拌手段(混合料的出料温度可降低 25 ℃±5 ℃)，混合料的 RAP 极限掺量也仅为 40%。因此高掺量厂拌热再生沥青混合料在生产过程中应严格控制 RAP 的含水率，宜控制在 2%以内。

(4)RAP 清洁度对混合料水稳定性的影响的研究结果显示：需要严格控制 RAP 的清洁度，其 SE 值应大于 70%；另外，需要采取抗剥落措施来提高混合料的抗水损害性能。

(5)仅考虑级配范围时，RAP 掺量可以达到 70%以上；考虑到生产实际，RAP 的极限掺量受 RAP 的含水率、粉胶比、出料温度以及温拌手段等因素制约。

第3章　RAP中沥青的变异特性及性能恢复

3.1　旧沥青的变异特性分析

为了从RAP堆上获取有代表性的样品，应从料堆10个不同的地方取样，且应尽量减少离析的影响，而且应从料堆表面150 mm以下的材料中取样。RAP的取样数量应当足够，应预留出混合料设计所需要的样品。

3.1.1　RAP中的沥青含量分析

本章依据《公路工程沥青及沥青混合料试验规程》(JTG E20—2011)中T0722—1993的试验方法，对某道路上、中、下面层不同粒径RAP的沥青含量进行试验分析，结果如图3-1所示。

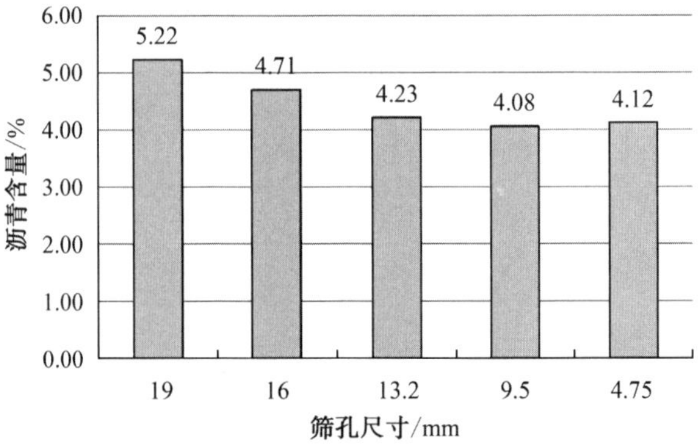

(a)上面层大于11 mm的RAP沥青含量分布

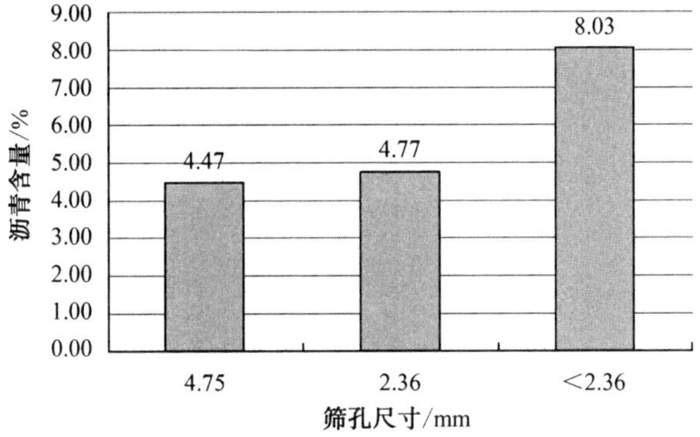

(b)上面层小于 11 mm 的 RAP 沥青含量分布

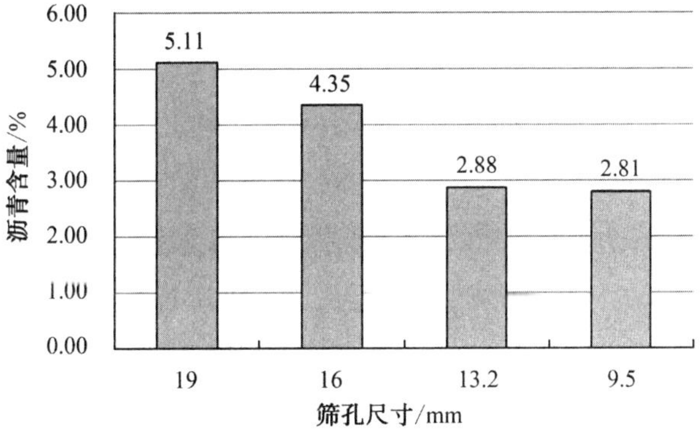

(c)中、下面层大于 11 mm 的 RAP 沥青含量分布

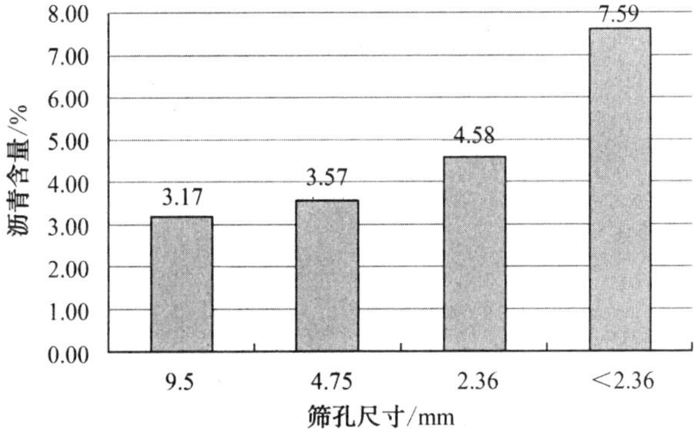

(d)中、下面层小于 11 mm 的 RAP 沥青含量分布

图 3-1　不同面层的 RAP 沥青含量分布

由图 3-1 可知，破碎分档后，粒径大于 11 mm 的 RAP 随着粒径的减小沥青含量逐渐降低，小于 11 mm 的 RAP 随着粒径的减小沥青含量逐渐增加，且同一粒级上面层沥青含量大于中、下面层沥青含量。

该试验结果主要受 RAP 沥青胶浆分布状态及强制式机械破损的影响。RAP 在机械破碎过程中，裹附大量胶浆的细料会通过 5 mm 以下的筛孔进入细一档的料仓中形成富油的“油砂”。RAP 在破碎过程中存在级配降级的情况，即粒径较大的原生料在强制机械破碎下会产生新的断裂面，形成次一级粒径的集料，且粒径越小新破碎面越多，而断裂面上没有沥青胶浆裹附，因此沥青含量随粒径减小呈下降趋势。混合料在进行设计时，受比表面积、体积指标及性能的影响，较细的上面层混合料沥青含量往往比下面层混合料多。因此，RAP 破碎后同一粒级上面层沥青含量大于下面层沥青含量。

3.1.2 RAP 技术指标的变异特性

性状变异性是 RAP 的典型特征之一，会显著影响再生路面的质量。沥青路面材料的老化，主要是所含沥青性质的变化。RAP 中的沥青是再生沥青混合料的重要组分，其性状特点及变迁规律对 RAP 的变异特性以及再生沥青混合料的性能影响较大。

在进行混合料设计之前，必须对 RAP 进行分析。这是因为老化和氧化使 RAP 内部发生了较大变化。沥青胶结料老化和氧化的主要表现为：轻质油分丧失，沥青质增加，变硬（黏度增加），延度降低。由于交通荷载及环境的影响，集料级配也会出现一定的衰减。因此在设计开始之前，要确定回收沥青路面的集料级配、沥青含量和 60 ℃沥青黏度，从有代表性的 RAP 试样中回收已老化的沥青胶结料，用来确定其性质。各面层常规性能对比试验结果如图 3-2 所示。

从图 3-2 中可以看出，上面层提取的沥青的针入度小于中、下面层，而软化点、延度、黏度均大于中、下面层。因此，综合来看，上面层提取的沥青老化程度明显重于中、下面层，上面层混合料使用时，要首先考虑再生剂的使用。

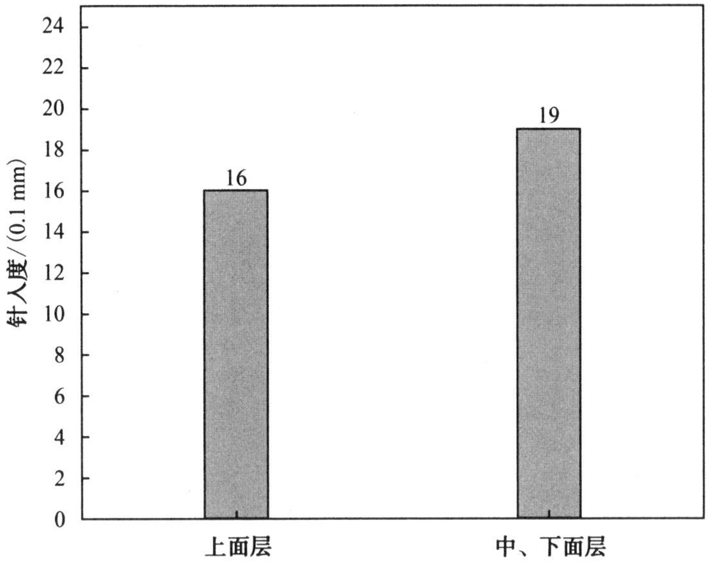

(a)不同面层针入度对比

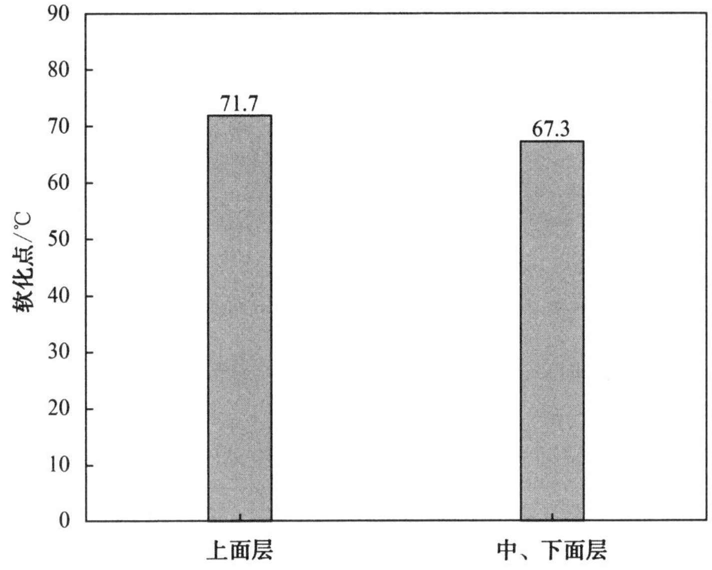

(b)不同面层软化点对比

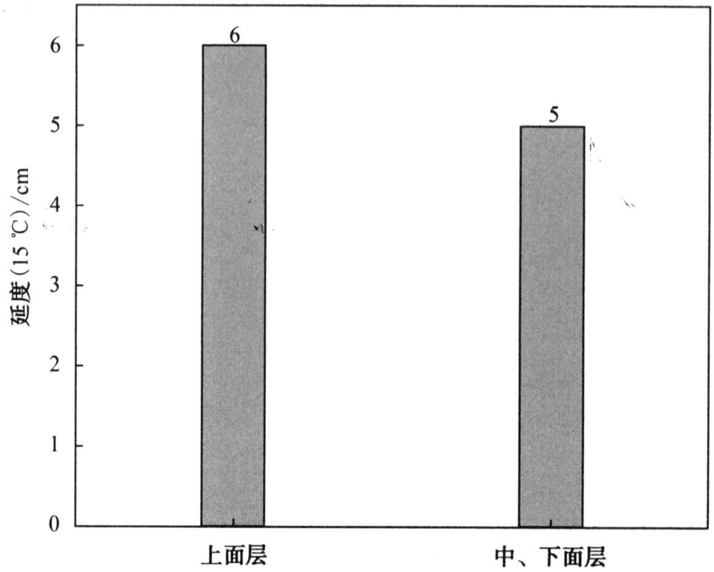

（c）不同面层延度对比

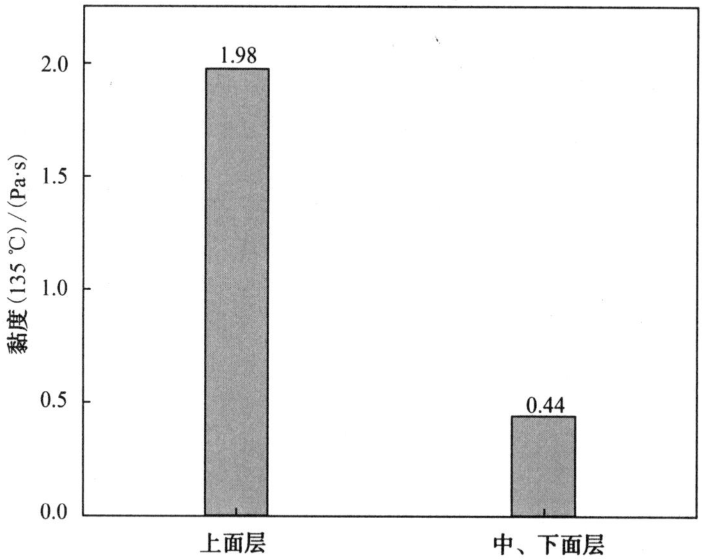

（d）不同面层黏度对比

图 3-2　各面层常规性能对比

3.2　沥青老化及再生机理

老化是沥青在生产、运输、施工及服役阶段，受温度、光照、雨水及车辆荷载等因素的影响，其性能逐渐发生衰退的现象。沥青路面老化示意图如图 3-3 所示[30]。按照成因，沥青老化可分为热氧老化、光氧老化和水老化[31]。其中，热氧老化是指在热、氧作用下沥青材料内部化学键分解断裂从而引起的沥青老化现象；光氧老化主要指在紫外线作用下，沥青材料内部基团吸收紫外线能量，由基态转变为激发态，使得沥青材料中化学键断裂，从而引起沥青性能衰退的现象；水老化是指沥青路面长时间处于低温饱水状态时，气温交替变化引起沥青材料微观结构的改变，致使其在宏观尺度呈现出“老化硬化”现象。目前，模拟沥青老化的方法主要有薄膜烘箱试验（TFOT）、旋转薄膜烘箱试验（RTFOT）、压力老化试验（PAV）、紫外（UV）老化试验等。其中，薄膜烘箱试验和旋转薄膜烘箱试验主要模拟沥青在储存、拌和、施工中的短期热氧老化，压力老化试验主要模拟沥青在服役过程中的加速长期热氧老化，紫外老化试验则是模拟紫外线对沥青材料的光氧老化[32]。

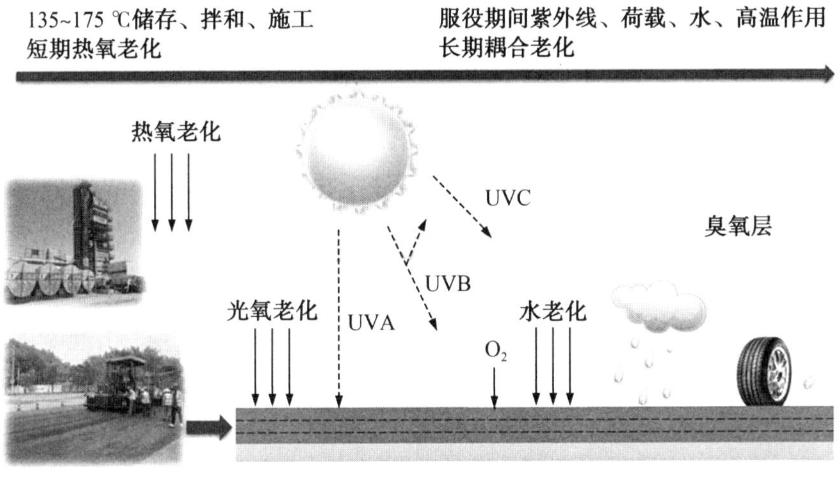

图 3-3　沥青路面老化示意图

3.2.1 老化对沥青及其混合料宏观性能的影响

沥青材料在老化过程中，其组分会发生迁移，胶体结构会发生改变。毋庸置疑，沥青的流变性也会随之发生变化[33]。那么，其流变性的变化究竟遵循怎样的规律呢？通过沥青材料的薄膜烘箱试验可看出：随着老化时间的延长，沥青材料的老化不断加深，其物理性质表现为密度增大，线收缩系数减小。加热时间超过 5 h 时，加热损失量不再明显增大，这说明沥青老化主要不是由轻质油分挥发所致，而是氧化、缩合作用的结果。观察沥青材料在老化过程中流变性的变化规律，可以发现以下两个极其重要的性质。

(1)沥青材料的黏度随老化时间的延长而增大，其黏度与时间的关系可以用下式表示：

$$\eta=b(1+t)^{m} \tag{3-1}$$

式中，η——沥青材料的黏度；

b——系数，其数值为沥青材料的初始黏度；

t——老化时间；

m——老化系数。

不同沥青材料因其化学组分和化学结构的差异，会表现出不同的老化速度，因而有不同的 m 值。所以，指数 m 可定量地反映沥青材料的老化速度。

(2)沥青材料在老化过程中，其流变指数随着老化的加深而减小。沥青流变指数的减小，表明沥青随着老化的加深，黏度增加，胶体结构逐渐发生变化，非牛顿性质越来越突出。某国产沥青的加速老化试验结果如表 3-1 所示。

表 3-1 某国产沥青的加速老化试验结果

加热时间(163 ℃)/h	25 ℃黏度/(Pa·s)	25 ℃流变指数	加热损失/%	密度/(g/cm³)	线收缩系数(×10⁻⁴)
0	1.65×10^4	0.40	0	0.9339	3.22
5	2.42×10^4	0.38	0.45	0.9380	2.89
10	3.24×10^4	0.34	0.46	0.9402	2.63
30	1.20×10^4	0.34	0.46	0.9459	2.58
90	4.99×10^4	0.26	0.53	0.9530	2.54

综合来看，沥青老化后宏观性能指标的变化主要表现为针入度下降、软化点升高、延度下降等，且随着温度的升高、老化时间的延长，沥青的老化程度逐渐加深。此外，也有人提出采用车辙因子（$G/\sin\delta$，其中 G 为复数模量，δ 为相位角）、疲劳因子（$G\sin\delta$）等指标来评价沥青的老化程度。研究表明，沥青老化后，复数模量升高，相位角减小，车辙因子、疲劳因子升高，劲度模量增大，蠕变速率减小[34-38]。

沥青混合料主要由粗集料、细集料、沥青、矿粉等组成，沥青作为混合料的重要组成成分，其性能的衰退必然引起沥青混合料性能的变化，而研究老化对沥青混合料性能的影响能直接反映沥青路面的服役状况。目前，关于老化对沥青混合料性能影响的研究主要集中在高温性能、低温性能、疲劳性能及水损害性能等方面。关于沥青混合料高温性能的研究主要采用车辙试验、环道试验和马歇尔试验，研究表明，老化后沥青混合料的动稳定度指标增加；关于沥青混合料低温性能的研究主要采用低温弯曲试验、劈裂试验，结果表明，老化会导致沥青混合料的最大弯曲应变减小，弯曲劲度模量增加；关于疲劳性能的研究主要采用直接拉伸试验、弯曲疲劳试验，大量试验结果表明，老化往往导致沥青混合料的疲劳寿命减少；关于水损害性能的研究主要采用冻融劈裂试验、浸水马歇尔试验，结果表明，老化会导致沥青混合料的劈裂强度比减小[39-40]。

3.2.2　老化对沥青微观结构的影响

3.2.2.1　四组分分析

胶体结构理论认为，沥青中的沥青质分子聚集形成的分子团可以吸附胶质形成胶束，胶束作为分散相分布在由饱和分和芳香分组成的分散介质中，若各组分的比例在合理范围内，则可形成稳定的胶体体系。该理论还定义了沥青胶体不稳定指数为饱和分和沥青质含量之和与芳香分和胶质含量之和的比值。通过分析沥青老化前后四组分含量及胶体不稳定指数的变化，可以研究老化对沥青化学组成的影响[41]。通过采用传统沥青四组分分离方法（见图 3-4）对沥青进行分析研究[42]，可得出沥青四组分含量随老化时间的变化（见图 3-5）[43]。由图 3-5 可以看出，老化后沥青饱和分、芳香分与胶质的含量降低，沥青质含量升高。

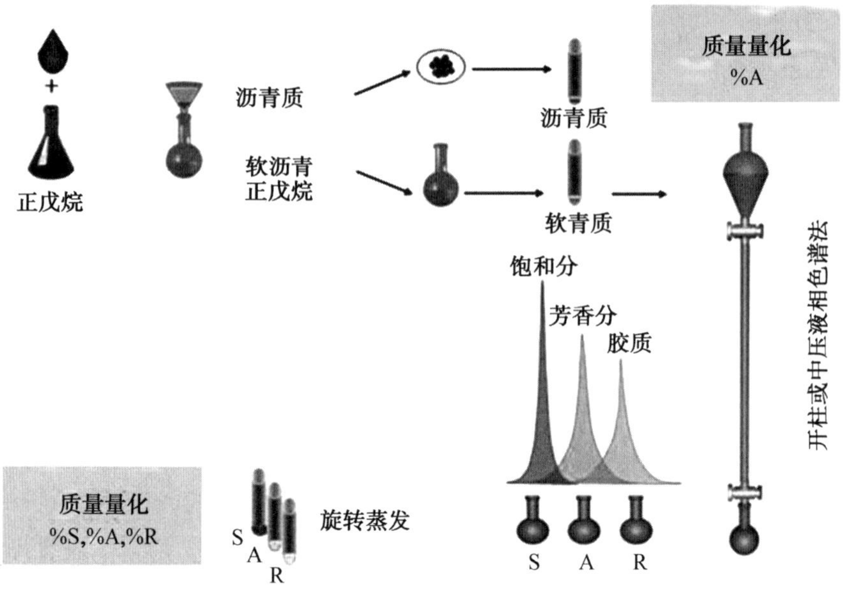

图 3-4 传统沥青四组分分离方法

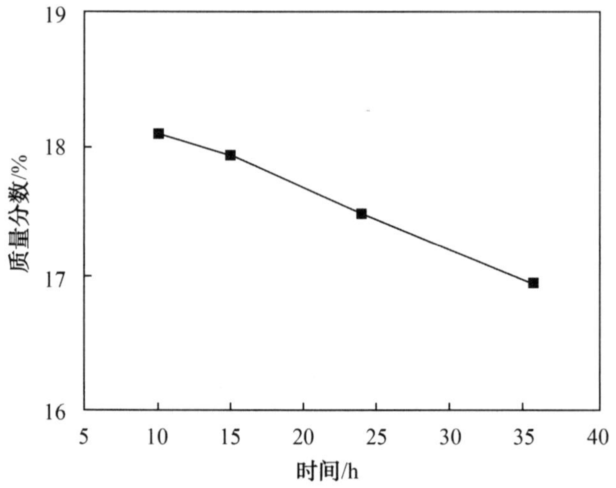

(a)饱和分随老化时间的变化

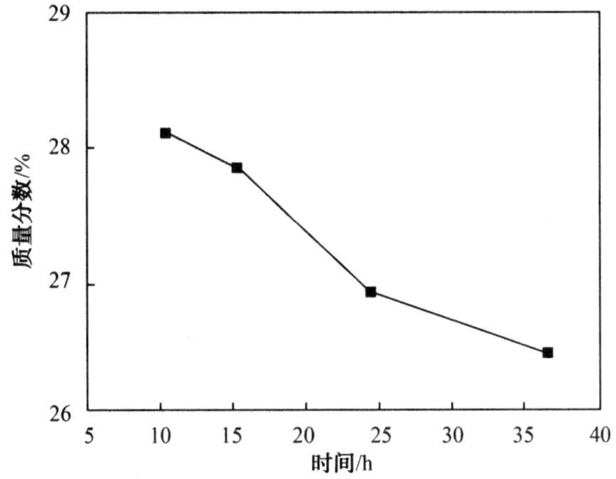

(b)芳香分随老化时间的变化

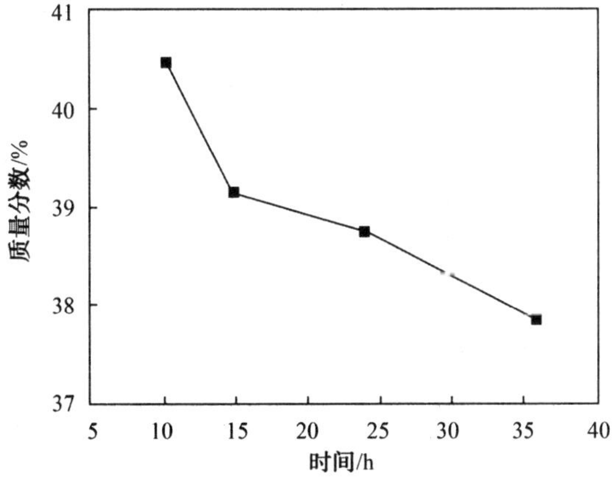

(c)胶质随老化时间的变化

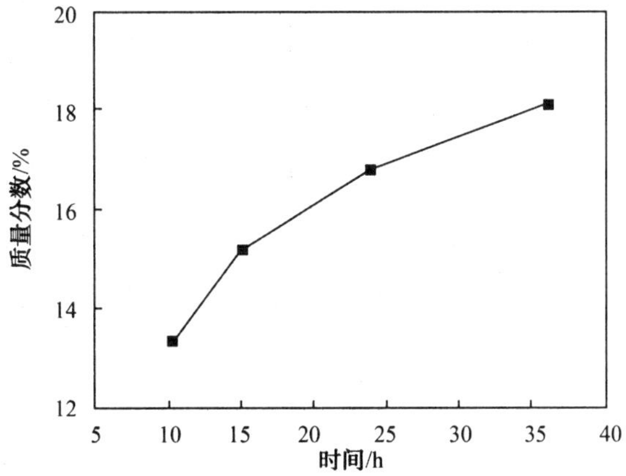

(d)沥青质随老化时间的变化

图 3-5　沥青四组分含量随老化时间的变化

3.2.2.2 红外光谱分析

红外光谱技术能够分析沥青材料的化学结构，在结构鉴定、改性原理及老化机理探究、特性研究等方面具有良好的普适性，因此在道路工程领域中的应用十分广泛。通过对比沥青老化前后的红外光谱图（见图3-6[33]），观察沥青内部化学结构及典型官能团的位置变化，可实现对沥青老化的定性分析。利用相关软件计算出吸收峰面积或波峰高后，通过相对比值可对沥青的老化程度进行定量评价。研究表明，随着老化程度的加深，沥青中的亚砜基、羰基含量会逐渐增加。

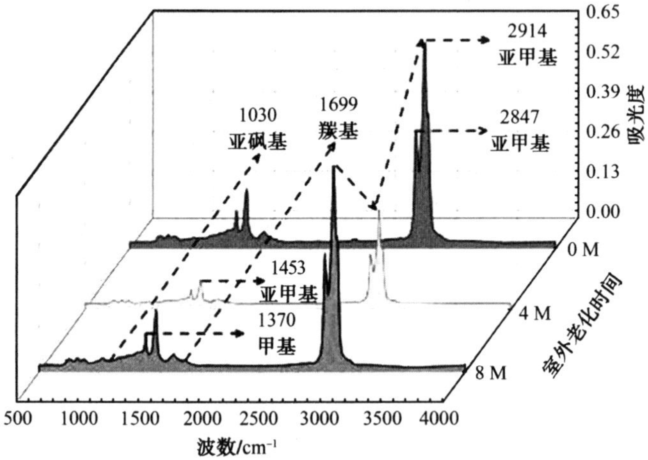

(a)90 号沥青室外暴晒老化前后红外光谱图

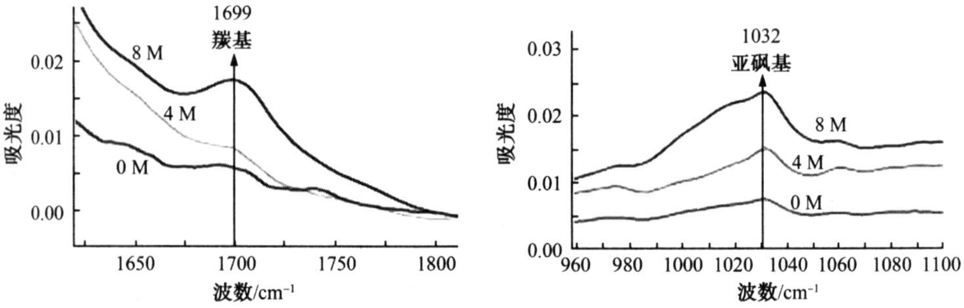

(b)90 号沥青主官能团变化红外光谱图

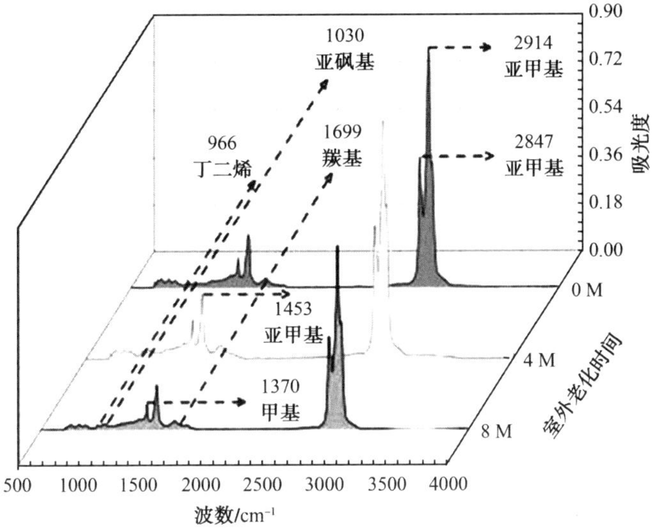

(c)SBS 沥青室外暴晒老化前后红外光谱图

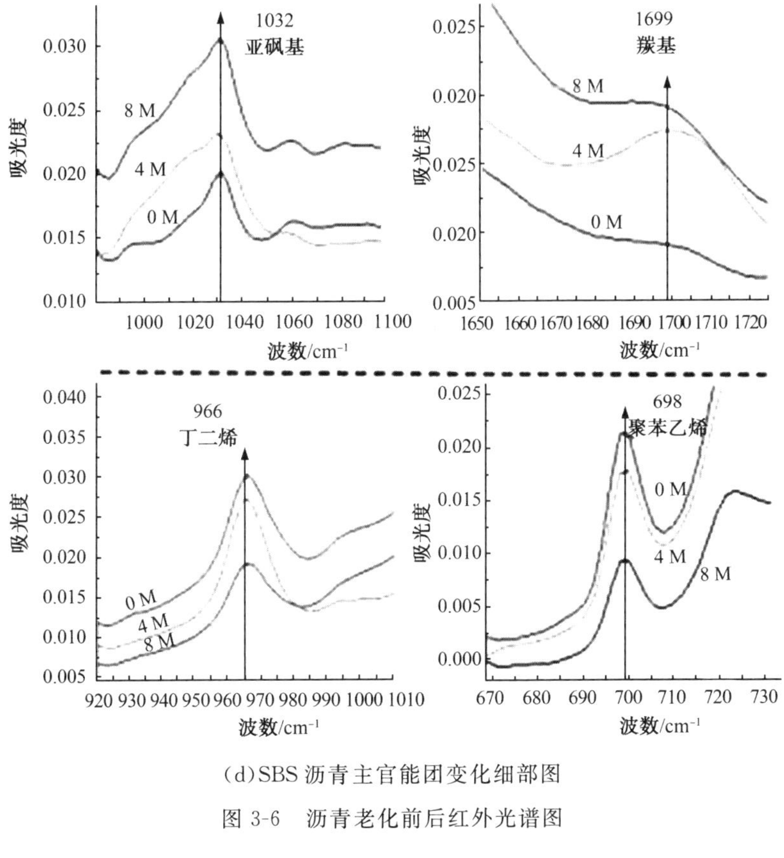

(d)SBS 沥青主官能团变化细部图

图 3-6　沥青老化前后红外光谱图

3.2.2.3 凝胶渗透色谱分析

凝胶渗透色谱(gel permeation chromatography, GPC)以体积排除为主要原理,其色谱核心是内装有多孔性填料的色谱柱,当被分析的样品随着淋洗溶剂引入色谱柱后,溶质分子即向填料内部孔洞扩散,较小的分子能渗入孔洞更深处,不同大小的分子将进入不同的孔,从而实现对物质的分离,也称作体积排阻色谱(size exclusion chromatography,SEC),如图 3-7 所示[44]。通过 GPC 分析可研究沥青老化过程中其化学组成及分子量的变化。不同老化程度沥青的 GPC 图如图 3-8 所示[45]。一般来说,随着沥青老化程度的加深,数均分子量和重均分子量逐渐增大,大尺寸分子(LSM)逐渐增多,小尺寸分子(SSM)逐渐减少。这是由于随着老化的进行,沥青中的小分子物质不断挥发,而沥青分子吸收了更多的氧,极性增强,进而团聚成大分子。

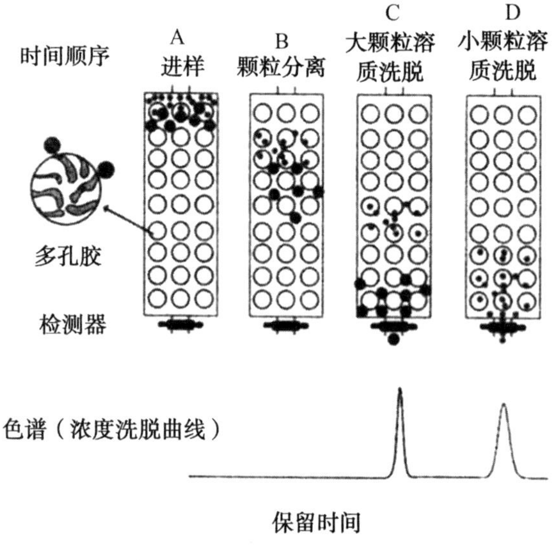

图 3-7 凝胶渗透色谱分离示意图

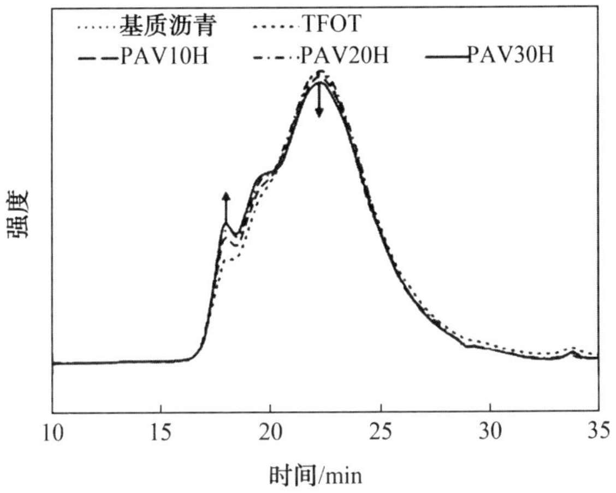

图3-8 不同老化程度沥青的GPC图

3.2.2.4 核磁共振分析

核磁共振(nuclear magnetic resonance, NMR)主要是由原子核的自旋运动引起的。自旋核具有两种能态,与外磁场逆向排列的核能高于顺向排列的核能。当自旋核在外磁场中接收到一定频率的电磁波辐射时,如果辐射能恰好等于两个能态之间的差值,低能态的自旋核吸收电磁辐射跃迁到高能态的现象称为核磁共振。核磁共振谱最常见的为氢谱与碳谱,根据谱图中的原子化学位移与积分曲线计算得到的吸收峰面积,能区分不同种类的原子归属并定量分析各类原子的含量。通过分析沥青老化前后核磁共振谱图[46]的变化(见图3-9),可研究老化对沥青化学组成和结构的影响。

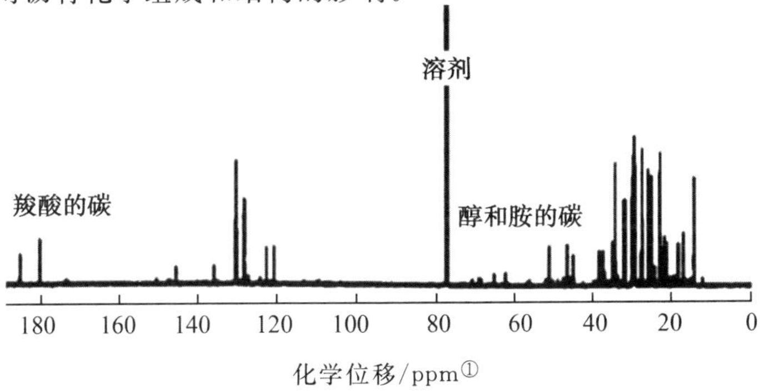

图3-9 不同改性沥青^{13}C NMR谱图

① 1 ppm$=10^{-6}$。

3.2.2.5 原子力显微镜分析

原子力显微镜(atomic force microscope, AFM)是利用微悬臂结构感受和放大探针与受测样品原子之间的作用力进行换算得出样品表面的高度,以获取样品表面的微观形貌。在AFM成像中,利用探针尖端在样品表面进行光栅测量,并以电子方式记录尖端与样品之间的各种相互作用,可生成代表针尖样本相互作用变化的伪彩色图像。AFM的工作原理示意图如图3-10所示[47]。AFM具有很高的分辨率,可清楚地显示沥青表面的"突起"及"凹陷"形态特征,为分析沥青的老化提供了新途径。

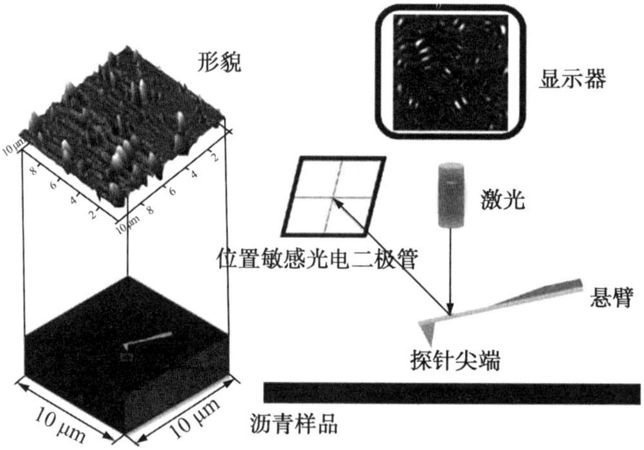

图 3-10 AFM的工作原理示意图

研究表明,通过AFM可观察到沥青表面黑白相间的区域,接近"蜂形结构",随着老化时间的增加,"蜂形结构"更加明显。经长期老化模拟后发现,随着沥青组分的变化,沥青原有的"蜂形结构"数量增加,尺寸变大,沥青表面的高度起伏变化增大。基质沥青不同老化程度的形貌图如图3-11所示[48]。

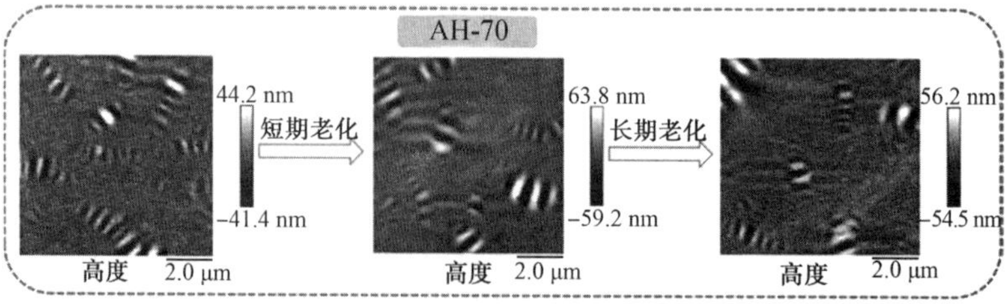

图 3-11 基质沥青不同老化程度的形貌图

3.2.3 沥青的化学组成及老化机理

3.2.3.1 沥青的化学组成与分子结构

沥青由复杂的碳氢化合物及非金属取代碳氢化合物中的氢后生成的新衍生物组成。根据四组分分析法，沥青可分为沥青质、胶质、芳香分和饱和分四种成分：沥青质由复杂的芳香族化合物组成，分子量最大，极性强；胶质主要由稠环芳香族和杂原子的化合物组成，连有侧链的烃基苯则易被氧化，化学稳定性较差；芳香分则由单环芳香烃及多环芳香烃等组成；饱和分主要由烷烃、环烷烃构成，其中烷烃易发生氧化反应[49]。各组分的化学结构如图 3-12 所示[42]。

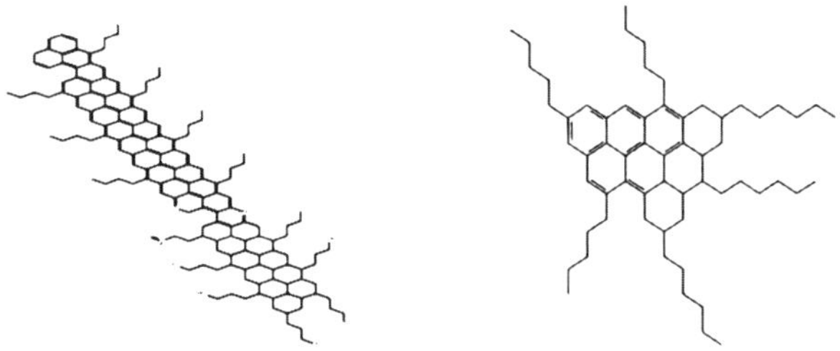

(a)沥青质　(b)胶质

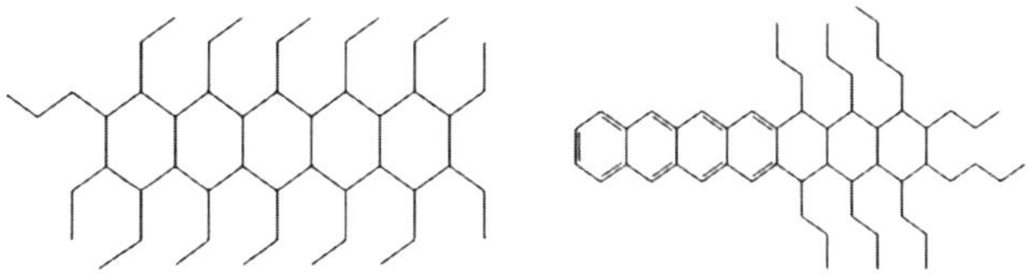

(c)饱和分　(d)芳香分

图 3-12　沥青各组分的化学结构

3.2.3.2 沥青的老化机理

沥青是复杂的混合物，老化过程中各组分的反应不尽相同，但研究表明大部分符合自由基反应机理。沥青中的长链烷基在受热情况下容易发生断裂反应，形成自由基。自由基不稳定，与氧气结合会进一步生成过氧自由基使链进一步增长。主要反应式如下[19]：

(1)链的引发：沥青中的高分子化合物受到热或氧的作用后，首先是分子结构中的支链或双键形成游离基。

$$RH \longrightarrow R\cdot + H\cdot$$

$$RH + O_2 \longrightarrow R\cdot + HOO\cdot$$

（2）链的增加：

$$R\cdot + O_2 \longrightarrow ROO\cdot$$

$$ROO\cdot + RH \longrightarrow ROOH + R\cdot$$

随着反应的进行，一方面沥青中的高分子继续氧化，另一方面生成越来越多的氢过氧化物 ROOH：

$$R\cdot + O_2 \longrightarrow ROO\cdot$$

$$ROO\cdot + R'H \longrightarrow ROOH + R'\cdot$$

$$R'\cdot + O_2 \longrightarrow R'OO\cdot$$

$$R''\cdot + O_2 \longrightarrow R''OO\cdot$$

$$R'OO\cdot + R''H \longrightarrow R'OOH + R''\cdot$$

$$R''OO\cdot + R'''H \longrightarrow R''OOH + R'''\cdot$$

ROOH 越来越多，会分解成新的游离基，并参与链式反应，即发生支化反应：

$$ROOH \longrightarrow RO\cdot + HO\cdot$$

$$2ROOH \longrightarrow RO\cdot + ROO\cdot + H_2O$$

RO· 和 HO· 自由基会进一步引发高聚物 RH 氧化：

$$RO\cdot + RH \longrightarrow ROH + R\cdot$$

$$HO\cdot + RH \longrightarrow H_2O + R\cdot$$

$$ROO\cdot + RH \longrightarrow ROOH + R\cdot$$

（3）链的终止：当上述反应形成的游离基达到一定浓度时，会彼此相碰导致链终止。由于 ROO· 的浓度超过其他游离基的浓度，所以它的双基终止是主要反应，其次是 ROO· 与 R· 及 R· 与 R· 的终止反应。

$$ROO\cdot + ROO\cdot \longrightarrow ROOR + O_2$$

$$R\cdot + R\cdot \longrightarrow R—R$$

$$ROO\cdot + R\cdot \longrightarrow ROOR$$

3.2.4　沥青材料的再生机理

3.2.4.1　沥青再生机理理论

沥青再生的机理研究目前有两种理论——组分调节理论和兼容性理论，分别对应着对沥青溶液认识的两种不同观点[50]。对于沥青溶液，一种观点认为，沥青溶液表现出一系列的胶体性质，溶液中存在着三种成分：憎液的沥青质颗粒；包围着憎液颗粒避免其发生聚合的亲液颗粒——胶质，胶质包围着沥青质形成胶团；悬浮胶团的油相。当它们的相对含量和性质相配伍时，就形成了相对稳定的胶体溶液。另一种观点则认为，沥青是以沥青质为溶质，以软沥青质(沥青中除沥青质以外组分的总称)为溶剂的高分子浓溶液。但对于沥青再生，这两种理论并不冲突，而是相互补充的。

3.2.4.2　组分调节理论

Corbett[51]将沥青分为饱和分、芳香分、胶质和沥青质四组分，然后再按一定比例对四组分两两调和，以考察沥青的化学组成对其理化性能的影响。他发现各组分单独存在时，饱和分和芳香分的针入度极大，软化点很低，黏度也小，可以认为它们是沥青中的软组分，起塑化剂作用；而胶质、沥青质的针入度为零，软化点都很高，胶质的黏度比饱和分和芳香分大三四个数量级，因此可以认为它们是硬组分，在沥青中起稠化剂作用。故此他认为：①沥青中饱和分的含量不能过多，饱和分过多，将使沥青中分散介质的芳香分过低，不利于形成稳定的胶体分散体系。②沥青中芳香分的存在是必需的，可提高沥青中分散介质的芳香度，使胶体体系更稳定。③胶质本身具有良好的塑性和黏附性，是沥青中必不可少的组分，它能使沥青质稳定地胶溶于体系中。④沥青质的存在可改善沥青的高温性能，但沥青质含量过多，会使沥青的延度大大减小，易于脆裂。各组分对沥青性质的影响如表3-2所示。

组分调节理论就是从化学组分出发，将老化沥青和原沥青的组分进行比较，向老化沥青中加入所失去的组分(沥青再生剂)，使组分重新协调，从而恢复沥青的原有性能。由于这一过程依据的是石油工业中生产调和沥青的工艺原理，所以再生沥青实际上是一种调和沥青[52]。组分调节理论从沥青化学结构的角度来阐述再生的机理，物理化学意义明确。尽管从理论上讲调节组分是再生的基本途径，然而根据旧沥青组分和优质沥青组分的比较来确定旧沥青应该补充的组分及其数量，以获得品质优良的再生沥青的生产工艺却难以实现，并且最佳组分比例也难以确定。

表 3-2　各组分对沥青性质的影响

组分	感温性	延度	对沥青质的分散度	高温黏度
饱和分	好	差	差	差
芳香分	好	—	好	好
胶质	差	好	好	差
沥青质	好	稍差	—	好

3.2.4.3　兼容性理论

一种沥青能否形成稳定的溶液，不取决于溶质颗粒的大小，而取决于溶质（沥青质）在溶剂（软沥青质）中的溶解度和溶剂对溶质的溶解能力，这就是所谓的兼容性理论。兼容性理论从化学热力学视角出发，认为如能掺入一定的再生剂使沥青组分间的溶解度参数差减小，则沥青就可实现再生。这一由希尔布兰德提出的“溶解度参数理论”也常被作为沥青再生的理论依据。这种理论认为，当溶质的溶解度参数与溶剂（由胶质、油分构成的软沥青质）的溶解度参数的差值（ΔD）小于某一定值时，沥青即能形成稳定的溶液。用公式表示为

$$\Delta D = D_{\mathrm{At}} - D_{\mathrm{m}} < K \tag{3-2}$$

式中，ΔD——沥青质与软沥青质溶解度参数的差值，$(\mathrm{cal/cm^3})^{1/2}$；

D_{At}——沥青质的溶解度参数，$(\mathrm{cal/cm^3})^{1/2}$；

D_{m}——软沥青质的溶解度参数，$(\mathrm{cal/cm^3})^{1/2}$；

K——规定的溶解度参数差值的限值，$(\mathrm{cal/cm^3})^{1/2}$。

根据有关研究，国产沥青的沥青质溶解度参数与软沥青质溶解度参数的差值 ΔD 的限值为 0.76。当 $\Delta D < 0.76$ 时，可得到较好的兼容性。

由于兼容性理论所采用的溶解度参数指标与沥青的宏观物理性能（如流变参数指标等）有较好的相关性，从沥青力学行为的角度描述了其再生的机理，在实际应用中可操作性强，所以采用该理论作为老化沥青再生的指导理论具有很高的研究和应用价值。

从化学的角度来看，沥青再生就是沥青老化的逆过程，以组分调和作为

方法依据,以兼容性理论作为理论依据,具体措施通常是掺加新沥青材料以及再生剂。

3.2.5 再生剂与再生沥青的流变性质分析

3.2.5.1 再生剂的作用机理

基于上面对沥青老化机理的介绍,废旧沥青再生剂的作用机理可归纳为增溶分散机理、稀释调和机理及蜡晶分散机理。这三种再生机理为废旧沥青的再生提供了三条路径,三种机理的协同作用不仅可以提高再生剂的再生性能,而且可以降低再生剂的成本。

(1)增溶分散机理。向废旧沥青中加入聚合物类表面活性剂,其可通过氢键作用、酸碱作用、π-π共轭、电荷转移等吸附在沥青质颗粒表面。其亲油链不仅可以增强胶体的空间稳定作用,而且能吸附溶剂组分形成良好的溶剂化层,从而大大增强沥青胶态体系的稳定性。

(2)稀释调和机理。沥青老化很重要的一点就是组分发生转化,造成胶体稳定性下降。将重质矿物油(如石油加工过程中的许多重质油废料)加入废旧沥青中,能够增加溶剂组分含量,尤其是增加芳香分的含量,有利于在沥青质颗粒周围形成良好的溶剂化层,具有稀释调和作用。

(3)蜡晶分散机理。对于老化的石蜡基沥青,蜡晶分散剂能够通过成核及共晶作用,将蜡晶分散成更细小的颗粒,有利于提高沥青的可塑性及抗变形能力。

3.2.5.2 再生剂的组成设计

根据以上介绍的再生剂对废旧沥青再生的作用机理,可将再生剂设计为由增溶分散组分、稀释调和组分及蜡晶分散组分组成。这些组分的复合应该遵循以下原则:应兼顾各组分对废旧沥青各性能指标的改善与各组分间的协同效应,兼顾组分的再生和提高沥青其他性能的作用,对环境不会产生有害影响。

3.2.5.3 再生沥青的流变性质

从流变学的观点来看,旧沥青再生的方法可以归结为以下两点:一是将旧沥青的黏度调节到所需要的黏度范围内;二是将旧沥青的流变指数予以适当提高,使旧沥青重新获得良好的流变性能。沥青材料在使用过程中会逐渐老化,经过再生后,性能将得到一定程度的恢复,重新加以利用后,再生沥青又会开始新的老化过程。沥青材料在整个过程中的流变行为的变化如图 3-13 所示。

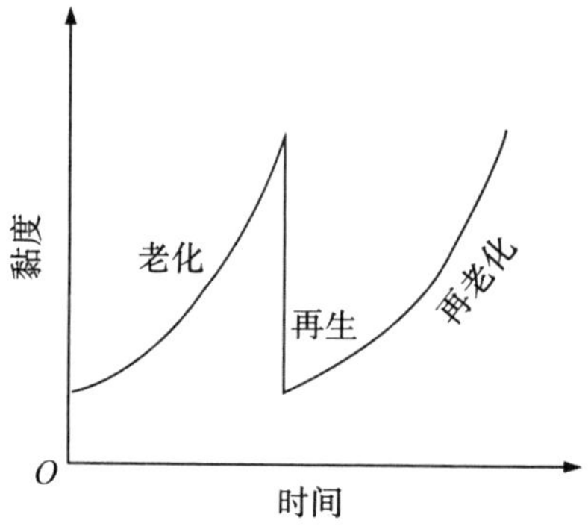

(a)黏度和老化时间的关系

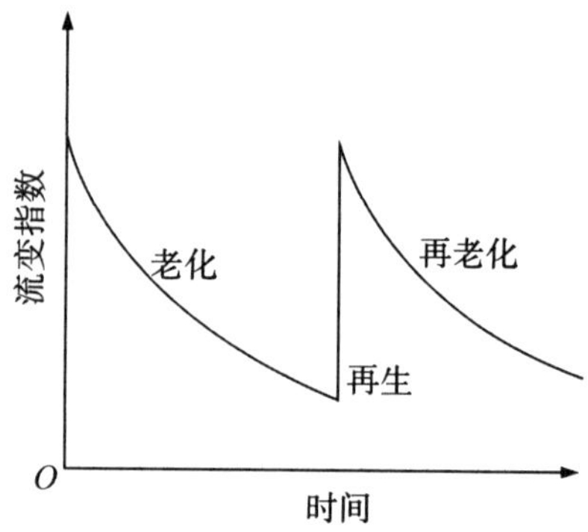

(b)流变指数和老化时间的关系

图 3-13　沥青流变行为的变化示意图

(1)再生沥青的黏度。两种沥青相调和,其黏度并不是两种沥青黏度简单地按比例相加。即使在对数坐标系中,再生沥青的黏度曲线也并不是直线,而是凹形曲线。再生沥青的黏度可按式(3-3)来计算:

$$\lg \eta_R = X^a \lg \eta_b + (1-X)^a \lg \eta_O \tag{3-3}$$

式中,η_R——再生沥青的黏度,Pa·s;

η_b——再生剂或新沥青的黏度,Pa·s;

η_O——旧沥青的黏度,Pa·s;

X——再生剂或新沥青的掺配比例,%;

a——黏度偏离系数。

(2)再生沥青的流变指数。废旧沥青与低黏度的再生剂或新沥青材料调配而成的再生沥青,将会表现出新的胶体结构和流变性质,因而有不同的流变指数,其计算公式如下:

$$C_R = K[X C_b + (1-X) C_O] \tag{3-4}$$

式中,C_R——再生沥青的流变指数;

C_O——旧沥青的流变指数;

C_b——再生剂或新沥青的流变指数;

X——再生剂或新沥青的掺配比例,%;

K——再生效果系数,旧沥青中掺加新沥青时,$K=1$。

(3)再生沥青的路用性能指标。加入再生剂或新沥青结合料的回收沥青，经过再生后，其再生沥青的针入度与旧沥青、新沥青材料的针入度之间有如下关系：

$$\lg P_R = X^a \lg(P_b - A) + (1-X)^a \lg(P_O - A) + A \tag{3-5}$$

式中，P_R——再生沥青的针入度，0.1 mm；

P_b——新沥青材料的针入度，0.1 mm；

P_O——废旧沥青的针入度，0.1 mm；

X——新沥青材料的掺配比例，%；

A——常数，$A=4.6569$。

a——黏度偏离系数。

3.2.6　再生剂的作用

再生剂是一种有机材料，可通过化学和物理的作用将已老化的沥青恢复到目标性能[53]。老化沥青与再生剂混合物的黏度特性是选择再生剂的决定因素。再生剂的种类主要有软化剂、回收剂、改性剂、熔化油、混合油以及芳香油。当再生混合料中的总沥青用量增加时，也可使用沥青胶结料作为再生剂，选用特定等级的沥青与 RAP 中已老化的沥青混合，以达到规范要求[54]。在美国，软等级的沥青作为再生剂使用比化学再生剂更普遍。如果老化沥青的黏度特别高(或针入度特别低)或者是再生混合料中 RAP 的用量远大于 50%，可少量添加一些化学再生剂改善已老化的沥青胶结料的性能，无须改变沥青用量。

沥青路面的性能退化主要是因为沥青材料的老化。当旧沥青路面材料中旧沥青的黏度高于 10^6 Pa·s 或者其针入度低于 40(0.1 mm)时，就应该考虑使用低黏度再生剂进行改善。再生剂有很多种，综合而言，其主要有以下四个重要作用：

(1)恢复老化沥青的性能，使其达到施工和最终路用的黏度要求。

(2)改善再生沥青混合料的性能，从而使其达到最佳的耐久性能。

(3)提供足够的沥青胶结料，以裹附外加的新集料。

(4)提供混合料设计所要求的结合料。

为了保证再生剂的使用功能，通常施工前要对再生剂的如下性能进行必要的检测分析：

(1)再生剂在混合料中的分散均匀性。再生剂必须容易在再生混合料中分散，不会出现局部过于集中，以免造成混合料离析。

(2)再生剂必须能够调和回收沥青中的老化沥青黏度,使其达到设计要求。

(3)再生剂必须与老化沥青的相容性好,不会造成沥青的某些组分析出,破坏沥青的结构。

(4)再生剂必须能够促进老化沥青的沥青质重新分布。

(5)再生剂必须能够提高再生沥青混合料的使用寿命。

(6)再生剂必须闪点高,在高温条件下,不会出现浓烟,符合环保和安全要求。

(7)再生剂必须具有生产的稳定性和连续性。

目前,我国对于再生剂的技术要求还没有相关规范规定。表 3-3 列出了美国材料实验协会(ASTM)标准给出的再生剂的技术要求。

表 3-3 ASTM D4552 热拌沥青混合料再生剂规范

项目	试验方法	再生剂型号											
		RA 1		RA 5		RA 25		RA 75		RA 250		RA 500	
		最小	最大	最小	最大	最小	最大	最小	最大	最小	最大	最小	最大
60 ℃黏度/(mm^2/s)	D2170 或 D2170M	50	175	176	900	901	4500	4501	12500	12501	37500	37501	60000
闪点/℃	D92	425	—	425	—	425	—	425	—	425	—	425	—
饱和质量分数/%	D2007	—	30	—	30	—	30	—	30	—	30	—	30
163 ℃ RTFO 或 TFO 后残留物试验	D2872	—	—	—	—	—	—	—	—	—	—	—	—
黏度比	D2872	—	3	—	3	—	3	—	3	—	3	—	3
质量变化比/%	D2872	—	4	—	4	—	3	—	3	—	3	—	3
25 ℃密度	D70 或 D1298	报告	—	报告	—	报告	—	报告	—	报告	—	报告	—

3.3 老化沥青获取方法

在后续对再生剂的研究中，需要制备相应老化程度的沥青作为样品，考察该类再生剂对老化沥青性能改善的情况。通常，可以抽提老化路面中的沥青成分，还可以通过实验室设备模拟沥青老化的过程，生产出不同老化程度的沥青。现对两种方法的具体情况总结如下。

3.3.1 抽提老化沥青

本书中的RAP取自济南周边某高速公路上面层，使用年限为5年左右。从RAP中抽提老化沥青，可以计算得出RAP中沥青的含量，与沥青分离的集料筛分之后可以得到RAP的级配。本书采用阿布森法来抽提老化沥青，具体分为三个环节。

3.3.1.1 清洗集料表层沥青并分离

称取两份质量均为1500 g的RAP(RAP1、RAP2)，分别浸没在三氯乙烯溶液中1 h左右，使集料表面沥青层基本脱离。将三氯乙烯溶液连带RAP一起倒入高速抽提仪，将三氯乙烯溶液分离出来，并在抽提仪中反复加入几次干净的三氯乙烯，直至最后分离出来的溶液清澈透明，此时RAP中的沥青完全溶解到了三氯乙烯中。在高速离心机渗出溶液的夹缝中放置一张滤纸，用来过滤溶液中的矿粉，记录好实验前后RAP在烘干状态下的质量变化，进而计算得出矿粉质量。

3.3.1.2 离心沉淀溶液中的矿粉

将分离出来的三氯乙烯溶液分批次置于高速离心机试杯中，施加相对离心力，离心分离的时间不少于30 min。离心结束后需要检测抽提液中的矿粉是否离心干净，检查方法为取一部分抽提液置于减压过滤器的滤纸上过滤，同时在滤纸上慢慢滴入干净的三氯乙烯溶液进行洗涤。检查滤纸上是否还有未沉淀的矿粉颗粒，以此判断离心沉淀是否彻底。将溶液中掺杂的矿粉离心沉淀至杯底，将试杯做好标记，称取实验前后RAP在烘干状态下的质量，便可得到溶液中矿粉(两份RAP分离的矿粉)的质量。

3.3.1.3 蒸馏三氯乙烯得到纯净沥青

由于三氯乙烯的沸点为 87.1 ℃，要得到三氯乙烯与沥青的共混溶液中的纯净沥青，可采取的方法是将共混溶液中的三氯乙烯溶液蒸馏干净。蒸馏三氯乙烯溶液的方法是：把干净抽提液分批次倒入 500 mL 蒸馏烧瓶中，油浴加热温度设置在165～175 ℃，二氧化碳气体的通入量为(1400±50)mL/min。待三氯乙烯溶液停止滴落后，继续通气 5 min 左右，使得烧杯内壁的溶剂清除干净，最后趁热倒出烧瓶中的干净沥青。由于无法清理干净烧瓶中的沥青来精确计算 RAP 的油石比，因此通常累计计算集料及矿粉的质量进而得出沥青含量。

3.3.2 实验室模拟沥青老化

实验室模拟沥青老化的方法有旋转薄膜烘箱试验(RTFOT)、压力老化以及常规烘箱 60 ℃长期老化试验，三种老化方法都有各自的特点。RTFOT 旋转 85 min可以模拟短期老化，模拟长期老化则通过延时来实现。其原理是：在8 个盛样瓶中分别加入少量沥青(35 g±0.5 g)，放入预热一段时间并保持163 ℃的旋转薄膜烘箱中；旋转使得沥青在盛样瓶内形成沥青薄膜，通过送风口吹入热空气，以此增大沥青与空气的接触面积，加快热氧老化的过程。RTFOT 通过改变旋转时长来模拟不同老化程度的沥青，研究表明，RTFOT 结果与道路真实老化情况有着较好的对应性。其中，RTFOT 老化 180 min 相当于路面实际使用 2～3 年的老化情况，老化 360 min 则能够模拟路面实际使用5～6年的老化情况。

后两种老化方式主要用来模拟长期老化，能较好地模拟沥青长期老化的情况，但是压力老化法试验过程较为烦琐，仪器设备在国内的使用率不高；常规烘箱老化法老化速率慢，比较费时。在做大批量试验时，用这两种方法比较费时费力。因此在具体试验研究中，可以使用 RTFOT 老化方法来模拟道路老化情况，根据文献研究结果，RTFOT 老化 360 min 与压力老化 20 h 的老化情况相当。

3.3.3 两种老化沥青制备方式对比

本书选用的是 AH-70 号基质沥青，其各项性能指标如表 3-4 所示。实验室模拟老化采用 RTFOT，老化时长分别为 85 min、180 min 和360 min。不同时长的实验室老化沥青和抽提沥青的性能检测结果如表3-4所示。

表3-4 原样、老化沥青的各项性能指标

项目	25 ℃针入度/(0.1 mm)	15 ℃延度/cm	软化点/℃	135 ℃黏度/(Pa·s)	质量损失率/%
原样沥青	78.7	103.6	47.5	0.752	—
抽提沥青	17.5	5.7	65.1	3.684	—
RTFOT(85 min)	40.2	50	48.1	0.975	−0.59
RTFOT(180 min)	34.1	20.1	52.7	1.475	−0.75
RTFOT(360 min)	27.8	13.5	55.6	2.947	−0.94

3.3.3.1 实验室老化时长对沥青性能的影响

在实验室模拟沥青老化的过程中，随着老化时间的不断延长，沥青的各项性能指标随之变化。软化点的变化率不大，表明沥青老化之后对软化点的影响相对来说较小。针入度、延度和黏度都发生了较大的变化，且沥青中的芳香分等成分减少，沥青由黏性向弹性状态变化，沥青老化360 min之后这三项指标与原样沥青相比，分别变化了64.7%、87.0%、291.9%，老化之后黏度增长较多。老化之后沥青的质量损失率保持在1%之内，表明沥青的老化主要是由组分变化引起的，沥青中某些成分挥发引发的老化效果较小。

3.3.3.2 抽提沥青与实验室老化沥青性能对比

通过查阅文献，RTFOT老化360 min的老化沥青与道路使用5～6年的真实老化情况相似，但是抽提沥青性能与RTFOT老化360 min的试验结果差异较大，其老化程度要比实验室的老化结果严重很多，延度只有5.7 cm，在试验刚开始一会儿就被拉断，黏性状态很差。这是因为在抽提沥青的过程中，无法做到绝对清除抽提液中的矿粉颗粒，也不能将沥青中的三氯乙烯溶剂蒸馏干净。研究表明，即使使用滤纸与减压过滤器，沥青中还是会残留一些矿粉，矿粉改变了沥青的密度与黏度，使得沥青的针入度和延度降低，在物理性能上表现为老化特性。另外，抽提老化沥青时，在溶解沥青的过程中，需要将RAP在三氯乙烯溶液中反复洗涤，因此带走了沥青中的一些轻质组分，造成了沥青的老化。

综上，抽提沥青的性能并不能代表沥青的真实老化情况，而且抽提过程复杂，每次获得的沥青量少，不能作为后续试验老化沥青的来源；实验室制备沥青有着性能一致、效率快、适于批量生产的特点，在试验中应该选择 RTFOT 来制备老化沥青。

3.4 再生剂对老化沥青性能的恢复

为了防止旧沥青二次老化和高温下再生剂蒸发损失，回收后的旧沥青温度降低至 110 ℃左右时，需加入在 70 ℃烘箱中预热 15 min 左右的再生剂，并用搅拌器将再生剂与旧沥青充分拌和。考虑到保温温度对再生剂的扩散作用，搅拌 3～5 min后将二者的混合物置于 105 ℃的烘箱中加热 5～10 min 后再继续搅拌。此过程一般进行4～5次，静置一段时间使其性质稳定，至再生剂充分融入旧沥青中。为了进一步使再生剂与旧沥青融合，制模前 1 h 要将二者的混合物放入 105 ℃的烘箱中预热 10 min 左右，再次搅拌均匀后升温到 135 ℃加热 5～10 min制模，使再生剂能充分扩散到旧沥青中。

3.4.1 FL-1 型再生剂

FL-1 型再生剂为山东交通科学研究院自主研发的。为了确定该再生剂在多少掺量下可以使老化沥青恢复到最佳性能，在制备的老化沥青(RTFOT 360 min)中掺加不同剂量的再生剂，掺配比例从 2%到 12%，间隔为 2%，设置了 6 组样品，分别检测几组样品的针入度、延度、软化点和黏度数据(见表 3-5)。

表 3-5 不同 FL-1 型再生剂掺量下的再生沥青性能指标测试结果

掺配比例/%	针入度(25 ℃，100 g，5 s)/(0.1 mm)	软化点(环球法)/℃	15 ℃延度/cm	135 ℃布氏黏度/(mPa·s)
0	23	60.5	6.5	1146.5
2	37.5	52.5	19	919
4	39.5	52.5	29	839
6	41	52.5	39	820

续表

掺配比例/%	针入度(25 ℃,100 g,5 s)/(0.1 mm)	软化点(环球法)/℃	15 ℃延度/cm	135 ℃布氏黏度/(mPa·s)
8	60.5	48	66.5	690
10	64.5	47.5	73.5	559.5
12	66.5	46.5	89	525

由表 3-5 可以看出，随着再生剂掺量的增加，老化沥青的各项性能逐渐得到恢复，并且逐渐向原样沥青性能靠近；再生剂的掺量从 2%增加到 12%的过程中，老化沥青的各项性能指标呈现不同幅度的变化，其中针入度和延度随之增加，软化点和黏度不断降低。

在使用该再生剂对老化沥青再生的试验中，再生沥青的各项性能都得到了恢复，尤其是黏度恢复最为明显。当再生剂的掺量为 8%时，再生沥青的黏度下降到原样沥青水平之下，其他性能恢复得也较好，最后基本都接近原样沥青。软化点与沥青再生剂掺量之间基本呈良好的线性关系，随着再生剂掺量的增加，软化点逐渐降低。针入度、延度和黏度在再生剂掺量为 2%～8%时恢复效果比较明显，随后变化趋势渐渐放缓。当再生剂的掺量超过 10%时，再生剂的含量增加对老化沥青的再生作用就变得不太明显了。鉴于此，本书将该款再生剂的掺量定为 10%，在该掺量下，沥青再生剂对老化沥青有着良好的再生效果，再生沥青的各项性能基本接近原样沥青，同时又可避免再生剂过量而产生浪费。

3.4.2　HC 型再生剂

针对以上老化沥青的性能测试指标，本小节将 HC 型再生剂与老化沥青掺配，掺配比例分别为 2%、4%、6%、8%、10%和 12%。按照《公路工程沥青及沥青混合料试验规程》(JTG E20—2011)，测试再生沥青的针入度、软化点、延度、黏度等性能指标，并根据这些性能指标的变化情况，调整再生剂的掺配比例，使再生沥青的性能指标达到目标范围或者规范要求。掺配再生剂后的老化沥青性能指标变化如表 3-6 所示。

表 3-6 不同 HC 型再生剂掺量下的再生沥青性能指标测试结果

掺配比例/%	针入度(25 ℃,100 g,5 s)/(0.1 mm)	软化点(环球法)/℃	15 ℃延度/cm	135 ℃布氏黏度/(mPa·s)
0	23.0	60.5	6.5	1146.5
2	28.5	56.5	8.8	1196.5
4	37.5	54.0	14.0	1016.0
6	38.0	52.0	29.5	857.5
8	46.5	50.0	55.0	634.0
10	48.0	49.5	71.5	568.5
12	56.5	47.5	94.4	525.0

3.4.3 R-cap 型再生剂

针对以上老化沥青的性能测试指标，本小节将 R-cap 型再生剂与老化沥青掺配，掺配比例分别为 2%、4%、6%、8%、10%和 12%。按照《公路工程沥青及沥青混合料试验规程》(JTG E20—2011)，测试再生沥青的针入度、软化点、延度、黏度等性能指标，并根据这些性能指标的变化情况，调整再生剂的掺配比例，使再生沥青的性能指标达到目标范围或者规范要求。掺配再生剂后的老化沥青性能指标变化如表 3-7 所示。

表 3-7 不同 R-cap 型再生剂掺量下的再生沥青性能指标测试结果

掺配比例/%	针入度(25 ℃,100 g,5 s)/(0.1 mm)	软化点(环球法)/℃	15 ℃延度/cm	135 ℃布氏黏度/(mPa·s)
0	23	60.5	6.5	1146.5
2	24	59.5	>100	1011.5
4	26	57	>100	962.5
6	30	55	>100	913.0
8	35	54.5	>100	809.4
10	46	51.5	>100	763.0
12	52	49.5	>100	595.5

通过理论分析及大量试验结果确定，FL-1 型再生剂的最佳掺配比例为 8%，HC 型再生剂的最佳掺配比例为 10%，R-cap 型再生剂的最佳掺配比例为 11%。综合路面性能及经济性，实际工程中应选择掺配比例为 8%的 FL-1 型再生剂。

本章小结

通过研究，本章主要得出如下结论：

(1)通过 RAP 抽提试验发现，受级配降级和新破碎面的影响，粒径大于 11 mm的 RAP 随着粒径的减小沥青含量逐渐降低，粒径小于 11 mm 的 RAP 随着粒径的减小沥青含量逐渐增加，且同一粒级上面层沥青含量大于中、下面层沥青含量。

(2)通过对比实验室模拟沥青老化与抽提老化路面中沥青的各项性能，发现抽提老化沥青不能代表沥青的真实老化情况，往往表现为“超龄”老化；而实验室模拟老化与道路自然老化有着较好的对应关系。所以在后续试验中，使用实验室模拟方法制备老化沥青，RTFOT 360 min 可以模拟道路真实老化 5～6 年的程度。

(3)RAP 中的沥青与新沥青相比，流变性能发生了明显的劣化，针入度和延度显著降低，软化点和黏度则显著增大。上面层提取的沥青老化程度明显大于中、下面层，在使用上面层混合料时，要首先考虑再生剂的使用。

(4)通过理论分析及大量试验结果确定，FL-1 型再生剂的最佳掺配比例为 8%，HC 型再生剂的最佳掺配比例为 10%，R-cap 型再生剂的最佳掺配比例为 11%。综合路面性能及经济性，实际工程中应选择掺配比例为 8%的 FL-1 型再生剂。

第4章　厂拌热再生沥青混合料配合比设计方法

为研究不同设计方法对再生沥青混合料性能的影响，本书分别采用马歇尔(Marshall)方法和高性能沥青路面(Superpave)方法(即旋转压实法)进行RAP掺量分别为0%、25%、40%、60%时的级配设计。

4.1　热再生沥青混合料配合比设计对比分析

再生材料表面黏附的老化沥青牢固，不存在全部被再生利用的可能。因此，再生沥青混合料的级配设计会对沥青混合料的体积指标产生极大影响。为设计出级配良好的再生沥青混合料，一般应从以下几方面考虑：一是通过增加级配中粗集料的数量，使混合料中的粗集料形成稳定的骨架结构；二是通过对级配中粗集料部分的组成进行分析，减少混合料施工过程中的离析；三是通过良好的级配组成使混合料具有良好的体积指标；四是混合料对施工过程产生的影响。对再生沥青混合料进行级配设计时，要先将回收的不同规格矿料的级配与工程设计的合成级配进行对比，再添加所需的新集料，使合成级配的曲线满足再生沥青混合料的级配要求。再生沥青混合料的级配设计步骤具体如下：将粗集料逐级堆积，在这个过程中产生的一些空隙会被下一级集料填充，而最终剩下的空隙将达到再生沥青混合料的空隙要求，通过调整整体级配来达到目标空隙率等体积指标的各项要求。设计时首先采用水筛法对原材料进行筛分，然后对原材料的各项技术指标进行测试。

在进行目标配合比设计前，要先对 RAP 进行抽提和筛分，以确定 RAP 中的沥青含量及骨料级配。在目标配合比设计中，根据《公路沥青路面再生技术规范》(JTG/T 5521—2019)的规定，RAP 中的沥青将被计算在混合料的总沥青含量中。

4.1.1　试验条件确定

根据工程所用沥青及以往工程经验，沥青混合料的室内拌和温度确定为 155～160 ℃，马歇尔击实温度(适合实验室试件成型和现场初始碾压的温度)确定为 145～150 ℃。

拌和过程中要先将新骨料同 RAP 进行拌和，并延长干拌时间，喷洒沥青后，湿拌时间也要适当延长。本书最终确定的试验温度与加热时间如表 4-1 所示。

表 4-1　厂拌热再生沥青混合料的试验温度与加热时间

项目	试验温度/℃	加热时间/h
RAP	120	2
新矿料	190	>4
沥青	160	2～4
再生剂	120	2
拌和	170	—
成型	160	—

拌制再生沥青混合料时，按照再生规范的要求，拌和时间要比普通沥青混合料长，以便拌和时 RAP 与新矿料混合均匀，充分进行热量交换。再生沥青混合料的拌和过程为：

(1)将规定质量的再生剂喷洒到 RAP 上，倒入拌和锅内。

(2)迅速取出保温的新矿料，倒入拌和锅内，使新矿料与 RAP 一起干拌 60 s，达到均匀混合。

(3)加入计算所确定用量的沥青，再次拌和 90 s。

(4)将矿粉均匀撒入拌和锅内,再次拌和 90 s,完成再生沥青混合料的拌和。

4.1.2 级配设计

4.1.2.1 沥青混合料级配设计理论

目前,国内外常用的级配设计理论有最大密度曲线理论、粒子干涉理论、i 法级配理论、贝雷法级配理论、体积设计法等,具体如下:

(1)最大密度曲线理论。最大密度曲线理论是由 Fuller 和 Thompson[55] 于 20 世纪初提出的,该理论认为矿料的粒径级配曲线与抛物线越相近,其设计级配越理想。最大密度曲线的 n 次幂公式如式(4-1)所示。

$$P=\left(\frac{d}{D}\right)^{n}\times 100 \tag{4-1}$$

式中,P——要计算的某级集料的通过率,%;

d——要计算的某级集料各级的粒径,mm;

D——混合料的公称最大粒径,mm;

n——试验指数,通常取 0.3~0.7。

(2)粒子干涉理论。粒子干涉理论由 Weymouth[56] 提出,该理论认为,在制备中沥青混合料时,先堆积粒径较大的颗粒,再将粒径较小的次级颗粒填充到粒径较大颗粒间形成的空隙中,再用再次级颗粒填充次级颗粒间形成的空隙,依次填充,最终达到最大密实度。为了避免大小颗粒间产生干涉现象,要求填充空隙的集料粒径不得大于颗粒间空隙的大小。其中,前一级颗粒间空隙的大小计算公式如下:

$$t=\left[\left(\frac{\psi_0}{\psi_a}\right)-1\right]D \tag{4-2}$$

当干涉现象处于临界状态时,$t=d$,可将上式改写为:

$$\psi_a=\frac{\psi_0}{\frac{d}{D}+1} \tag{4-3}$$

式中,t——前一级颗粒之间的空隙大小,即约等于次一级颗粒的粒径;

D——前一级颗粒的粒径;

ψ_0——次一级颗粒的理论实积率(实积率即为堆积密度与表观密度之

比)；

ψ_a——次一级颗粒的实际实积率。

(3)i 法级配理论。20 世纪 70 年代，同济大学林绣贤教授[57]在通过率的递减系数(i)的基础上，提出了 i 法级配理论。沥青混合料中不同粒径(d)的通过率(P)的计算公式如式(4-4)所示：

$$P = P_0 i^x \tag{4-4}$$

式中，P_0——公称最大粒径 D 的通过率；

x——级数，$x = 3.32\lg D/d$；

i——通过率的递减系数。

(4)贝雷法级配理论。贝雷法级配理论是由美国伊利诺伊州交通部的罗伯特·贝雷(Robert Bailey)率先提出的一种沥青混合料级配设计方法[58]，经过在遗产研究小组(Heritage Research Group，HRG)内部近十年的应用以及普渡大学(Purdue University)的进一步探索、试验验证等，认为采用该级配理论设计出的沥青混合料不仅具有优良的骨架结构，而且能够达到所需要的密实效果。其设计思想就是利用细骨料填充因粗骨料互相嵌挤而形成的空隙，再用更细的骨料来填充上一级的空隙结构，逐级填充，最终形成多级嵌挤骨架结构，使得沥青混合料的高、低温性能更好。

(5)体积设计法。20 世纪 90 年代初，哈尔滨建筑大学的张肖宁等[59]提出了体积设计法。该设计法的设计思想是对矿料主骨架的空隙率进行实测，并计算主骨架的空隙体积，使主骨架的空隙体积等于细骨料体积、沥青体积和混合料设计空隙体积相加之和，从而确定细集料用量与沥青用量。若细集料颗粒粒径较小，相对连续级配用量较少，则可避免集料间干涉现象的发生。依据该方法设计的沥青混合料，不仅可保证骨料间的嵌挤作用充分，又能使沥青胶浆尽可能完全填充矿料骨架间隙，从而可提高混合料的性能。

4.1.2.2　马歇尔设计法级配设计原则

混合料级配会在很大程度上影响混合料的性能以及混合料的再生。进行沥青混合料设计时，首先要选择合适的级配。采用马歇尔配合比设计方法时，首先应由道路条件以及交通状况确定采用哪种类型的混合料。如果是持续高温、交通量较大且重载车辆多的道路，为保证道路的抗车辙能力，宜选用粗型混合料；与之相反，对温度低、交通量不大的路段，宜选用细型混合料。在进行级配设计时，为形成平坦的S形曲线，可以酌情减少公称最大粒径附近的粗集料和较细集料的用量。调整工程级配时，4.75 mm 和 2.36 mm 筛孔通过率的上、下限不宜大于12%。在进行级配设计时，应该根据沥青混合料所在的层位使其满足路面抗滑、持久、不透水、稳定等性能。

根据马歇尔方法级配设计原则、RAP 掺加比例(0%、25%、40%、60%)，以及沥青路面抗车辙、抗滑等性能，可对级配设计进行调整。在级配设计过程中，矿粉用量一般可取5%~6%，但由于RAP中矿粉含量较多，故可酌情减少矿粉用量。通过反复调整，可得到合成集料(AC-25 沥青混合料)的级配曲线，如图4-1所示。

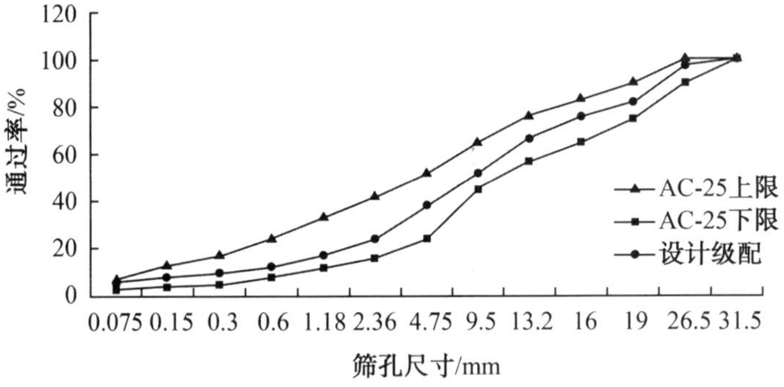

(a)0% RAP 掺量

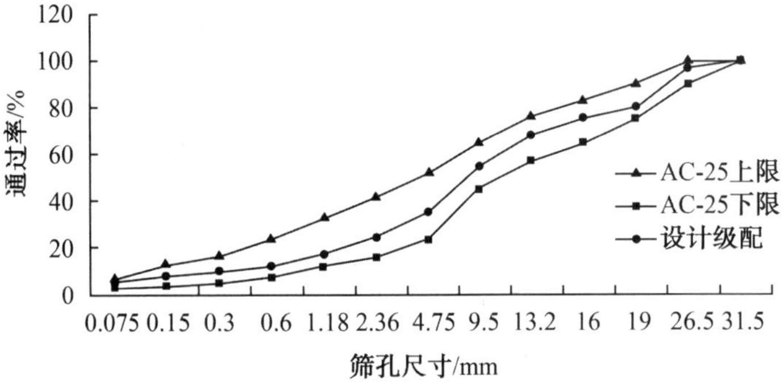

(b)25% RAP 掺量

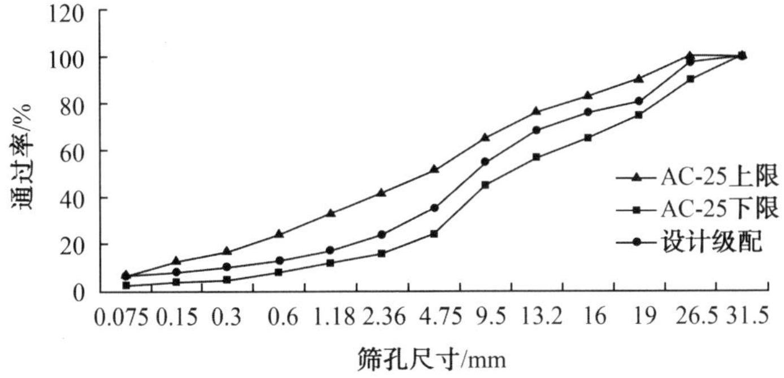

(c)40% RAP 掺量

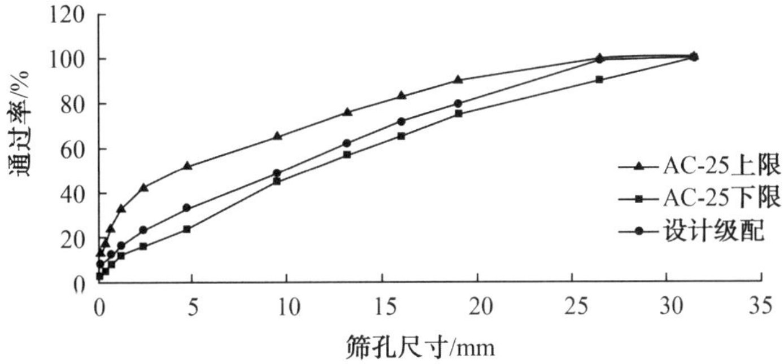

(d)60% RAP 掺量

图 4-1　AC-25 沥青混合料马歇尔级配曲线

4.1.2.3　Superpave 方法级配设计原则

Superpave 方法没有设置级配的上、下限，相对马歇尔方法的级配设计更加自由；但是 Superpave 方法设置了级配禁区和控制点，在进行级配设计时，必须注意级配曲线要在控制点以内并不得通过限制禁区。公称最大粒径为 25 mm 的混合料禁区边界范围如表 4-2 所示，公称最大粒径为 25 mm 的混合料级配控制点范围如表 4-3 所示。

表 4-2　公称最大粒径为 25 mm 的混合料禁区边界范围

限制区筛孔尺寸/mm	最小通过百分率/%	最大通过百分率/%
4.75	39.5	
2.36	26.8	30.8
1.18	18.1	24.1
0.6	13.6	17.6
0.3	11.4	

表 4-3　公称最大粒径为 25 mm 的混合料级配控制点范围

筛孔尺寸/mm	控制点通过百分率/mm	
	最小	最大
0.075	1	7
2.36	19	45
19	—	90
公称最大粒径为 25	90	100
最大集料尺寸为 37.5	100	—

将 Superpave 方法设计的级配控制点和级配禁区连同设计级配绘制于同一图中可知，四个掺量的级配可以同时满足马歇尔设计方法和 Superpave 设计方法的级配设计要求，如图 4-2 所示。

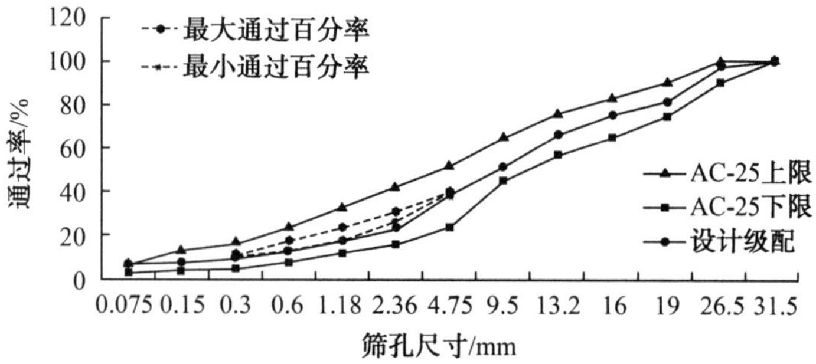

(a)0% RAP 掺量

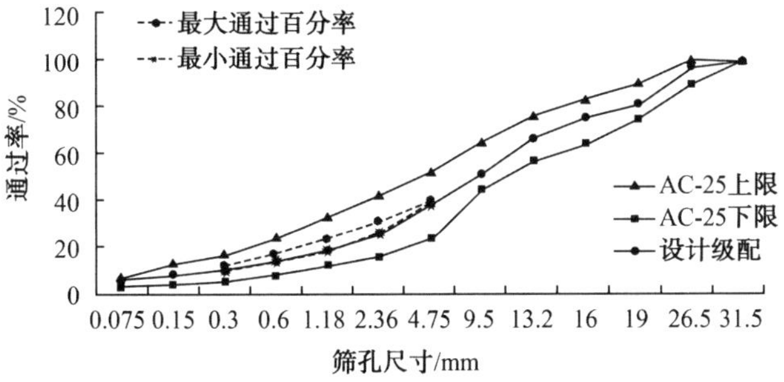

(b)25% RAP 掺量

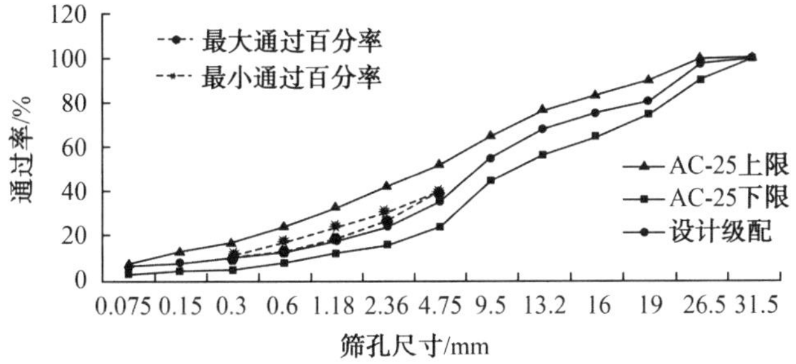

(c)40% RAP 掺量

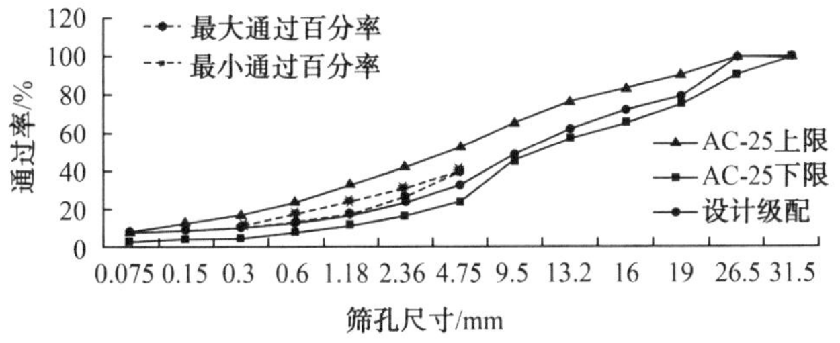

(d)60%RAP 掺量

图 4-2　AC-25 沥青混合料 Superpave 级配曲线

4.1.3 马歇尔配合比设计

本书参考《公路沥青路面施工技术规范》(JTG F40—2004)中规定的级配范围、设计文件提供的级配及工程级配范围进行设计。设计时，首先对选定的级配进行马歇尔试验(双面各击实75次)，最终确定沥青用量分别为3.1%、3.6%、4.1%、4.6%、5.1%。测定沥青混合料的理论最大相对密度时采用真空法。RAP掺量分别为0%、25%、40%、60%时的AC-25沥青混合料马歇尔试件各项体积指标汇总分别如表4-4～表4-7所示，最佳油石比(OAC)与不同RAP掺量的关系如图4-3所示。

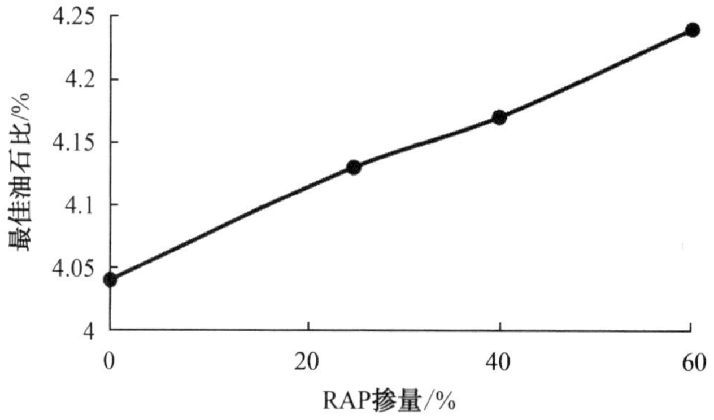

图4-3 最佳油石比与不同RAP掺量的关系图

由图4-3可以看出，随着RAP掺量的提高，最佳油石比不断增加。

4.1.3.1 AC-25(0%RAP)沥青混合料配合比设计

AC-25(0%RAP)沥青混合料的体积指标如表4-4所示。

表4-4 AC-25(0%RAP)沥青混合料的体积指标

油石比/%	毛体积密度	空隙率(VV)/%	矿料间隙率(VMA)/%	沥青饱和度(VFA)/%	稳定度/kN	流值/(0.1 mm)
3.1	2.439	5.7	14.77	57.11	10.1	2.21
3.6	2.444	4.6	13.64	64.12	10.5	2.39
4.1	2.455	4.1	13.11	73.41	10.3	2.87

续表

油石比/%	毛体积密度	空隙率(VV)/%	矿料间隙率(VMA)/%	沥青饱和度(VFA)/%	稳定度/kN	流值/(0.1 mm)
4.6	2.452	3.8	13.87	81.11	9.9	2.75
5.1	2.448	3.5	14.86	80.87	9.7	2.58
规范值		3～5	≥13	65～80	≥8	2～4

根据马歇尔试验中各参数、指标的关系，可以知道毛体积密度最大值对应的沥青含量$a_1=4.1\%$，马歇尔稳定度最大值对应的沥青含量 $a_2=3.81\%$，空隙率中值对应的沥青含量 $a_3=4.16\%$，饱和度中值对应的沥青含量 $a_4=4.28\%$，从而可以计算出 $OAC_1=(4.1\%+3.81\%+4.16\%+4.28\%)/4\approx4.09\%$，满足设计指标的油石比范围 3.5%～4.5%，则

$$OAC_2=(3.5\%+4.5\%)/2=4\%$$

因此最终确定的最佳油石比为

$$OAC=(OAC_1+OAC_2)/2\approx4.05\%$$

4.1.3.2　AC-25(25%RAP)沥青混合料配合比设计

AC-25(25%RAP)沥青混合料的体积指标如表 4-5 所示。

表 4-5　AC-25(25%RAP)沥青混合料的体积指标

油石比/%	毛体积密度	空隙率(VV)/%	矿料间隙率(VMA)/%	沥青饱和度(VFA)/%	稳定度/kN	流值/(0.1 mm)
3.1	2.391	5.3	14.38	58.63	9.4	2.43
3.6	2.414	4.5	13.76	64.12	9.7	2.53
4.1	2.435	4.2	13.25	72.51	10.1	2.86
4.6	2.427	3.8	13.91	78.14	9.6	2.53
5.1	2.388	3.6	14.52	83.42	9.2	2.44
规范值		3～5	≥13	65～80	≥8	2～4

根据马歇尔试验中各参数、指标的关系，可以知道毛体积密度最大值对应的沥青含量 $a_1=4.15\%$，马歇尔稳定度最大值对应的沥青含量 $a_2=4.4\%$，空隙

率中值对应的沥青含量 $a_3=4.2\%$，饱和度中值对应的沥青含量 $a_4=4.1\%$，从而可以计算出 $OAC_1=(4.15\%+4.4\%+4.2\%+4.1\%)/4\approx4.21\%$，满足设计指标的油石比范围 3.3%～4.8%，则

$$OAC_2=(3.3\%+4.8\%)/2=4.05\%$$

因此最终确定的最佳油石比为

$$OAC=(OAC_1+OAC_2)/2=4.13\%$$

4.1.3.3 AC-25(40%RAP)沥青混合料配合比设计

AC-25(40%RAP)沥青混合料的体积指标如表 4-6 所示。

表 4-6 AC-25(40%RAP)沥青混合料的体积指标

油石比/%	毛体积密度	空隙率(VV)/%	矿料间隙率(VMA)/%	沥青饱和度(VFA)/%	稳定度/kN	流值/(0.1 mm)
3.1	2.367	5.4	13.78	61.11	8.3	2.27
3.6	2.394	5.0	13.16	66.43	8.6	2.39
4.1	2.421	4.4	12.62	73.21	8.9	2.63
4.6	2.381	3.8	12.85	80.13	8.5	2.31
5.1	2.322	3.4	13.22	84.52	8.1	2.24
规范值		3～5	≥13	65～80	≥8	2～4

根据马歇尔试验中各参数、指标的关系，可以知道毛体积密度最大值对应的沥青含量 $a_1=4.12\%$，马歇尔稳定度最大值对应的沥青含量 $a_2=4.6\%$，空隙率中值对应的沥青含量 $a_3=4.38\%$，饱和度中值对应的沥青含量 $a_4=3.96\%$，从而可以计算出 $OAC_1=(4.12\%+4.6\%+4.38\%+3.96\%)/4\approx4.27\%$，满足设计指标的油石比范围 3.6%～4.58%，则

$$OAC_2=(3.6\%+4.58\%)/2=4.09\%$$

因此最终确定的最佳油石比为

$$OAC=(OAC_1+OAC_2)/2=4.18\%$$

4.1.3.4 AC-25(60%RAP)沥青混合料配合比设计

AC-25(60%RAP)沥青混合料的体积指标如表 4-7 所示。

表4-7　AC-25(60%RAP)沥青混合料的体积指标

油石比/%	毛体积密度	空隙率(VV)/%	矿料间隙率(VMA)/%	沥青饱和度(VFA)/%	稳定度/kN	流值/(0.1 mm)
3.1	2.421	5.2	14.38	59.62	8.6	2.19
3.6	2.455	4.4	13.76	68.32	8.9	2.53
4.1	2.471	4.1	13.25	71.24	9.2	2.81
4.6	2.453	3.6	12.91	75.62	9.5	2.46
5.1	2.442	3.2	13.22	82.41	8.3	2.28
规范值		3～5	≥13	65～80	≥8	2～4

根据马歇尔试验中各参数、指标的关系，可以知道毛体积密度最大值对应的沥青含量 $a_1=4.12\%$，马歇尔稳定度最大值对应的沥青含量 $a_2=4.6\%$，空隙率中值对应的沥青含量 $a_3=4.2\%$，饱和度中值对应的沥青含量 $a_4=4.2\%$，从而可以计算出 $OAC_1=(4.12\%+4.6\%+4.2\%+4.2\%)/4\approx4.3\%$，满足设计指标的油石比范围3.7%～4.7%，则

$$OAC_2=(3.7\%+4.7\%)/2=4.2\%$$

因此最终确定的最佳油石比为

$$OAC=(OAC_1+OAC_2)=4.25\%$$

4.1.4　Superpave法配合比设计

4.1.4.1　确定旋转压实次数

可根据设计交通量的大小，确定旋转压实次数(见表4-8)。

表4-8　交通量等级与混合料旋转压实次数的关系

设计交通量/(10^6 ESALs)	压实次数			应用道路情况
	N_i	N_d	N_m	
<0.3	6	50	75	轻交通道路
0.3～3	7	75	115	中等交通道路

续表

设计交通量/(10^6 ESALs)	压实次数			应用道路情况
	N_i	N_d	N_m	
>3～30	8	100	160	中等到重交通道路
>30	9	125	205	极重交通道路

注:ESAL 为等效单轴载荷,即标准轴载;N_i 为初始旋转压实次数;N_d 为设计旋转压实次数;N_m 为最大旋转压实次数。

公路上行驶的车辆种类繁杂,不同车型和不同作用次数对路面的影响不同。为方便路面设计,需将不同车型组合而成的混合交通量换算成某种统一轴载的当量轴次。这种统一的轴载,称为标准轴载。ESALs 用于大多数路面设计方法,其计算公式如下:

$$\mathrm{ESALs}=(\mathrm{ADT})_0\sum_{i=1}^{n}(T_{pi}T_{fi})f_d f_l f_g \tag{4-5}$$

式中,$(\mathrm{ADT})_0$——设计基年的双向平均日交通量,辆/日;

n——货车类型数;

T_{pi}——i 类货车在日交通量中所占的比例,%;

T_{fi}——i 类货车的当量轴载系数;

f_d——方向分配系数,一般情况下为 0.5,个别情况下为 0.3～0.7;

f_l——车道分配系数,随每个方向的车道数而异,单个车道时系数为 1,2 个车道时系数为 0.8～1.0,3 个车道时系数为 0.6～0.8,4 个车道时系数为 0.5～0.75;

f_g——分析期内交通增长系数,$f_g=\dfrac{[(1+V)^t-1]\times 365}{V}$(其中,$t$ 为设计年限,年;V 为设计年限内交通量的平均年增长率,%)。

通过预测可知,在持续增加的交通压力下,ESALs 可达到 30×10^6,因此可确定 $N_i=8$,$N_d=100$,$N_m=160$。本书采用的旋转压实设备的参数为:100～1000 kPa的垂直压力,0.5°～2.0°的旋转角,30 r/min 的旋转速率。通过上述分析并参考旋转压实仪的参数设置,设定试验设备的参数为:垂直压力 600 kPa,旋转角 1.25°,旋转速率 30 r/min。

表 4-9 为依据 Superpave 法制备的沥青混合料在不同旋转压实次数下的压实度要求。

表 4-9　依据 Superpave 法制备的沥青混合料在不同旋转压实次数下的压实度

交通等级	旋转压实次数	要求压实度/%
重度	N_i	<89
	N_d	96
	N_m	<98

4.1.4.2　确定沥青用量

级配确定后，可根据沥青混合料的体积指标进行初始沥青用量的估计。可以根据 Superpave 方法，采用软件包 Sp211a 进行相关计算。

当级配集料由粗集料、细集料和矿料组成，且各部分的密度不同时，其毛体积密度(G_{sb})和表观密度(G_{se})可以依据各部分集料的配合比，运用式(4-6)和式(4-7)计算。

$$G_{sb}=\frac{100}{\frac{P_1}{G_1}+\frac{P_2}{G_2}+\cdots+\frac{P_N}{G_N}} \tag{4-6}$$

式中，G_{sb}——级配集料的毛体积密度，g/cm³；

$P_1,P_2,\cdots,P_N$——各种矿料的比例，其和为 100；

$G_1,G_2,\cdots,G_N$——各种矿料相应的毛体积密度，g/cm³。

$$G_{se}=G_{sb}+0.8(G_{sa}-G_{sb}) \tag{4-7}$$

式中，G_{se}——级配集料的有效密度，g/cm³；

G_{sa}——级配集料的表观密度，g/cm³。

吸水性较大的集料可以选择乘 0.5 或 0.6 计算。本书采用的集料吸水性不大，仍以乘 0.8 来计算，集料吸收的沥青胶结料体积由式(4-8)计算。

$$V_{ba}=\frac{P_s(1-V_a)}{\frac{P_b}{G_b}+\frac{P_s}{G_{se}}}\times\left(\frac{1}{G_{sb}}-\frac{1}{G_{se}}\right) \tag{4-8}$$

式中，V_{ba}——集料吸收的沥青胶结料体积，cm³；

P_b——沥青胶结料的质量分数,%;

P_s——级配集料的质量分数,%;

G_b——沥青胶结料的密度,g/cm³;

V_a——空隙的体积,cm³。

单位沥青混合料有效沥青体积(V_{be})的计算公式如下:

$$V_{be}=0.176-0.0675\lg S_n \tag{4-9}$$

式中,S_n——级配集料的公称最大粒径,mm。

每立方厘米混合料中的集料质量(W_s)的计算公式如下:

$$W_s=\frac{P_s(1-V_a)}{\dfrac{P_b}{G_b}+\dfrac{P_s}{G_{se}}} \tag{4-10}$$

初始试验沥青胶结料的质量分数(P_{bi})可通过下式计算:

$$P_{bi}=\frac{G_b(V_{be}+V_{ba})}{G_b(V_{be}+V_{ba})+W_s}\times 100 \tag{4-11}$$

采用以上公式可以估算出沥青混合料中的沥青胶结料用量。但是对于再生沥青混合料来说,由于RAP中的矿料密度较难准确测定,采用公式法预估不太适用,因此本书以马歇尔设计方法确定的最佳沥青用量作为初始沥青用量P_c,选取$P_c\pm0.5\%$、P_c和$P_c-1\%$四种沥青用量作为评价基础;根据选定的旋转压实次数按照SHRPM-007和AASHTO TP4方法成型试件,每组一般成型四个旋转压实沥青混合料试件,并测定每种沥青用量下的再生沥青混合料最大理论密度。评价四种沥青用量的密度曲线,并测量压实次数分别为N_i、N_d时沥青混合料的压实度C_i、C_d;确定在N_d条件下的空隙率(VA)、矿料间隙率(VMA)、沥青饱和度(VFA)和粉胶比(DP)。经验证,空隙率为4%时,各项指标均满足配合比的设计要求。因此将空隙率为4%时所得到的油石比作为Superpave方法设计的最佳油石比。对四种RAP掺量的沥青混合料采用Superpave方法设计的最佳油石比进行最大旋转压实次数验证可知,所设计的油石比均能够满足设计要求。

4.1.4.3 Superpave法配合比设计结果

不同RAP掺量下的沥青混合料体积指标如表4-10所示,不同成型方式、不同RAP掺量下的最佳油石比对比如图4-4所示。

表 4-10　AC-25 沥青混合料的体积指标

RAP 掺量/%	沥青用量/%	设计压实次数的条件				DP	初始压实度/%	最大压实度/%
		压实度/%	VMA/%	VFA/%	VV/%			
0	3.81	95.94	12.16	69.70	4	1.47	86.08	95.24
	Superpave 标准		≥12	65～75	4	0.6～1.2①	≤89	≤98
25	3.94	96.33	12.41	72.81	4	1.49	86.68	96.46
	Superpave 标准		≥12	65～75	4	0.6～1.2①	≤89	≤98
40	4	97.51	13.03	77.52	4	1.51	87.24	96.99
	Superpave 标准		≥12	65～75	4	0.6～1.2①	≤89	≤98
60	4.13	98.37	12.77	75.49	4	1.57	88.11	97.51
	Superpave 标准		≥12	65～75	4	0.6～1.2①	≤89	≤98

①当级配通过限制区下方时，粉胶比可增加到 0.8～1.6。

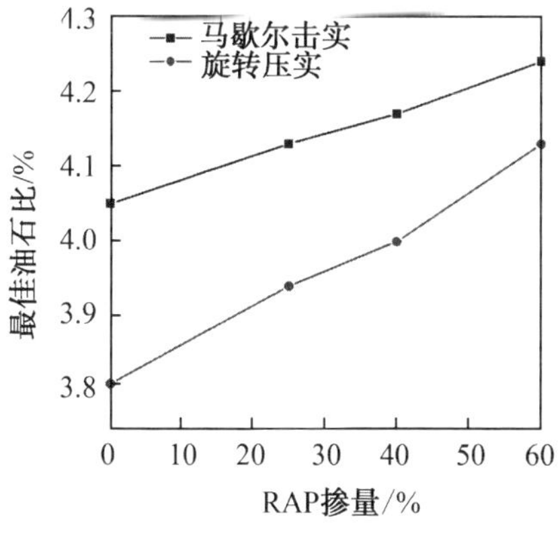

图 4-4　不同成型方式、不同 RAP 掺量下的最佳油石比对比

由以上结果可以看出，对于同一个级配，Superpave 方法确定的最佳油石比要比马歇尔方法确定的最佳油石比小。这主要是由于旋转压实仪的压实功比马歇尔击实要大很多，从而使得试件更加致密，空隙率减小，进而降低了最佳油石比。

4.1.4.4 水敏感性评估

采用 Superpave 方法设计混合料的最后一步是评估混合料的水敏感性。沥青和集料间的黏附性有助于保证路面的优良性能，但水分的存在会导致沥青路面出现黏结损失或剥落等质量问题，因此，需要进行混合料水敏感性试验。该试验要达到以下两个目的：①判断沥青胶结料和集料的结合是否对水敏感；②检验抗剥落剂的效用。

Superpave 施工规范规定间接拉伸强度比的最小值为 80%。本书试验测得间接拉伸强度比均符合规范要求。至此，按照 Superpave 方法就完成了沥青混合料配合比的设计。

4.2 基于不同成型方法的再生沥青混合料性能对比分析

本节对采用马歇尔方法和 Superpave 方法设计的再生沥青混合料通过改变压实功的方法成型试件，利用现有的路用性能评价方法对它们进行路用性能对比。重点从以下四个方面展开对比：①通过车辙试验对比不同成型方法对热再生沥青混合料高温稳定性的影响。②通过浸水马歇尔试验和冻融循环试验对比沥青混合料水稳定性的差异。③通过小梁低温弯曲试验对比沥青混合料低温性能的差异。④通过汉堡轮辙试验进一步验证不同成型方式对沥青混合料高温性能的影响。试件成型分别如图 4-5、图 4-6 所示。

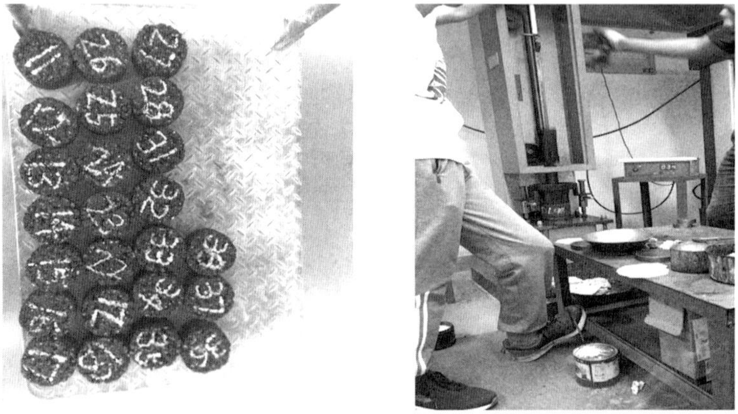

图 4-5 马歇尔击实室内成型

图 4-6　旋转压实室内成型

4.2.1　马歇尔方法与 Superpave 方法路用性能试验

对于高速公路和一级公路的密级配沥青混合料，需在配合比设计的基础上按规范要求进行各种使用性能的检验，不符合要求的沥青混合料，必须更换材料或重新进行配合比设计。其他等级公路的沥青混合料可参照执行。

(1)高温稳定性检验。对公称最大粒径等于或小于 19 mm 的混合料，按规定方法进行车辙试验，动稳定度应符合规范要求。

(2)水稳定性检验。按规定的试验方法进行浸水马歇尔试验和冻融劈裂试验，残留稳定度及残留稳定度比均应符合规范要求。

(3)低温抗裂性能检验。对公称最大粒径等于或小于 19 mm 的混合料按规定方法进行低温弯曲试验，其最大弯拉应变应符合规范要求。

采用 Superpave 方法对混合料性能进行检验和预测时使用的试验设备有以下两种：①剪切试验仪(SST)；②间接拉伸试验仪(IDT)。目前，这两种仪器对于混合料性能的检测方法正在评估和完善之中，并且这两种设备比较昂贵，国内使用得很少，相关的研究也很少涉及。

由于两种设计方法中关于混合料性能检测的试验仪器和试验方法都不相同，对这两种方法设计出的混合料如何进行性能对比没有现成的方案可以遵循，同时鉴于设备问题，本书决定采用现行规范规定的设备和方法对这两种方法设计的混合料性能进行对比。本书选取马歇尔方法确定的级配为研究对象，分别在最佳油石比的情况下，通过车辙试验、低温弯曲试验、浸水马歇尔试验等检验两种设计方法设计出的不同RAP掺量的混合料的高温性能、低温性能、水稳定性能，并进行对比分析。

4.2.2 高温性能对比

4.2.2.1 车辙试验

通过对采用Superpave方法和马歇尔方法室内成型的车辙试件进行试验，可以评价沥青混合料的高温稳定性。在验证沥青混合料高温稳定性的诸多试验中，车辙试验是较为直观的一种试验方法，也是一种使用较为普遍、与路面实际受力状况相关性好、试验方法和操作均简单的评价方法。它是在规定温度下通过板块状试件与车轮间的往复相对运动，使试件在车轮的重复作用下产生压密、剪切、推移和流动，从而产生车辙，用仪器测定试件的变形情况和试验时间就可以检验沥青混合料的高温性能，其评价指标为动稳定度和相对变形。

使用轮碾成型仪成型车辙试件时，轮宽为300 mm，压实线荷载为300 N/cm，碾压行程等于试件长度，试件的尺寸为300 mm×300 mm×50 mm。由于两种设计方法设计出的混合料油石比和毛体积密度都不同，所以在成型车辙试件时，需要使用不同质量的混合料和不同大小的压实功。要根据各自不同的油石比和密度配料，碾压时马歇尔方法设计的混合料采用12个往返，而Superpave方法设计的混合料由于密度更大，所以需要的料更多；同时油石比的下降使得混合料更难压实，所以要想达到旋转压实仪成型的试件在最佳油石比下的密度就需要增加压实次数，标准为将试模中的混合料压到与试模齐平为止。通过对不同碾压次数的现场观察，本书对Superpave方法设计的混合料采用25个往返。在增大压实次数的同时，提高混合料的压实温度，可使得混合料更容易被压实，且在压实过程中不会出现集料被压碎的情况。

本试验采用自动车辙试验仪，试验荷重为700 N，轮压为0.7 MPa，试验温度为60 ℃，分别按照马歇尔最佳油石比和Superpave最佳油石比配料，并根据配料的各自密度计算所需混合料的质量。试验步骤见《公路工程沥青及沥青混合料试验规程》(JTG E20—2011)，试验装置如图4-7所示。每种方法中三个平行试件的试验结果如表4-10所示。

图 4-7　车辙试验装置

表 4-10　不同成型方法、不同 RAP 掺量下的车辙试验结果

RAP 掺量/%	45 min 变形/mm		60 min 变形/mm		位移差/mm		动稳定度/(次/mm)	
	马歇尔方法	Superpave 方法	马歇尔方法	Superpave 方法	马歇尔方法	Superpave 方法	马歇尔方法	Superpave 方法
0	1.64	1.547	1.804	1.68	0.164	0.133	3924	4581
25	1.58	1.471	1.708	1.692	0.128	0.112	4921	5621
40	1.50	1.431	1.610	1.524	0.11	0.093	5672	6743
60	1.482	1.376	1.631	1.477	0.101	0.078	6274	8061

由表 4-10 可以看出，几种掺量下再生沥青混合料的动稳定度均符合设计要求。通过对比可以得到以下结论：

(1)Superpave 方法设计的混合料车辙动稳定度要高于马歇尔方法设计的混合料，同时车辙深度比马歇尔方法设计的要低。这说明 Superpave 方法设计的混合料具有更优良的高温性能，能够有效抵抗车辙。

分析其原因，一方面是压实功的增大使得试件更加密实，另一方面是油石比适当降低对于抗车辙能力的提高也有一定贡献。由于 RAP 可能会降低再生沥青路面的压实度，而成型车辙试件时 Superpave 方法设计的混合料增加了更多的压实次数，也会在一定程度上导致 Superpave 方法设计的混合料有更好的高温抗车辙性能。这也说明，Superpave 方法设计的混合料在施工压实时需要更大的压实功和更严格的压实度控制指标。

(2)动稳定度随着 RAP 掺量的增加而增加，都高于未掺加 RAP 的普通混合料。这说明再生沥青混合料的高温性能优于普通沥青混合料。再生沥青混合料中掺入了 RAP 后，由于 RAP 中的沥青老化后会变硬，劲度增加，从而使得再生沥青混合料的抗车辙性能较好。

4.2.2.2 汉堡轮辙试验

由于使用车辙试验测出的动稳定度来评价沥青混合料的高温性能可能会出现数据离散性过大的问题，不能全面反映沥青混合料的高温性能，因此对 RAP 掺量为 25%和 40%的再生沥青混合料进行汉堡轮辙试验来进一步验证车辙试验对高温性能评价的准确性。

汉堡轮辙试验可以有效地检验沥青混合料的高温稳定性。试验装置及试件如图 4-8 所示。用汉堡轮辙试验进行高温稳定性能对比，并对数据进行处理，得出的试验结果如表 4-11 所示。

图 4-8　汉堡轮辙试验装置及试件

表 4-11　汉堡轮辙试验结果

类型	车辙深度/mm		相对变形率/%	
	L3	L9	L3	L9
25%RAP 马歇尔方法	−11.44	−12.6	19	21
25%RAP Superpave 方法	−10.1	−10.67	16.8	17.8

续表

类型	车辙深度/mm		相对变形率/%	
	L3	L9	L3	L9
40%RAP 马歇尔方法	−9.84	−7.81	16.4	13
40%RAP Superpave 方法	−6.49	−7.72	10.81	12.87

注:L3 和 L9 分别为第 3 个点和第 9 个点。

由表 4-11 可知,RAP 掺量较高的沥青混合料相对变形率较小,表现出相对良好的高温性能。RAP 掺量相同时,采用 Superpave 方法设计的再生沥青混合料比马歇尔方法设计的高温性能更好,进一步验证了通过车辙试验得出的结论。

4.2.3　低温性能对比

目前,国内外用于研究沥青混合料低温抗裂性能的试验方法有多种,主要包括约束试件温度应力试验、切口小梁弯曲试验(即 J 积分试验)、低温弯曲蠕变试验、低温压缩应变能试验、间接拉伸试验(劈裂试验)、低温弯曲破坏试验、收缩系数试验和应力松弛试验等。现行的沥青路面设计与施工规范中,均未提出沥青混合料的低温指标及相应的试验方法,而仅对改性沥青混合料提出了用 −10 ℃弯曲试验的最大弯拉应变作为低温抗裂性能的要求。

低温弯曲试验采用最大弯拉应变及抗弯拉强度来评价混合料的低温抗裂性,最大弯拉应变、抗弯拉强度越大,混合料的低温性能越好。该试验技术难度不大,容易控制。因此,本书采用低温弯曲试验来评价沥青混合料的低温抗裂性,评价指标为最大弯拉应变和抗弯拉强度。在试验路上用切割机取回用于室内成型车辙的试件。室内利用轮碾成型仪对两种设计方法设计的混合料在各自最佳油石比下成型车辙试件,成型方法如车辙试验中所述;然后将从试验路上取回的试件和成型车辙板切割成 250 mm×30 mm×35 mm 的棱柱体小梁,其跨径为 200 mm。采用万能材料试验机进行试验,试验温度为 −10 ℃,加载速度为 50 mm/min,如图 4-9 所示。

试验步骤见《公路工程沥青及沥青混合料试验规程》(JTG E20—2011),试验结果如表 4-11 所示。

图 4-9　低温弯曲试验试件及装置

表 4-11　不同成型方式、不同 RAP 掺量下的低温弯曲试验结果

RAP 掺量/%	抗弯拉强度/MPa		最大弯拉应变		劲度模量/MPa	
	马歇尔方法	Superpave 方法	马歇尔方法	Superpave 方法	马歇尔方法	Superpave 方法
0	7.41	8.13	3216	3277	2044	2091
25	7.88	8.49	3123	3204	2361	2408
40	9.76	10.2	2965	3068	3341	3411
60	10.36	10.7	2789	2813	3767	3826

对于沥青混合料的低温弯曲试验，一般最大弯拉应变越大，劲度模量越小，应变能越大，材料的低温性能越好。由表 4-11 可以看出，再生沥青混合料的低温性能比普通沥青混合料有所降低，而且两种指标都反映出随着 RAP 掺量的增加其低温性能降低的趋势，但是都大于规范要求，说明再生沥青混合料的低温性能虽然有一定程度的降低，但是没有超过规范的下限。分析其低温性能降低的主要原因大致是 RAP 在长期使用过程中老化了，老化后的 RAP 变脆、变硬，黏度、劲度变大，软化点升高，塑性降低，所以加入 RAP 后的再生沥青混合料低温性能必然有所降低。若再生剂和新沥青调和均匀、级配合理，再生沥青混合料的低温性能则会有所提高。

通过比较不同成型方式的沥青混合料可以看出，Superpave 方法设计的混合料抗弯拉强度和最大弯拉应变都比马歇尔方法设计的略有提高。这说明虽然 Superpave 方法设计的混合料的最佳油石比下降了很多，但是由于增加了压实功，使得试件更加致密，很好地弥补了由油石比下降引起的混合料低温性能的降低。

4.2.4 水稳定性检验

我国现行规范采用浸水马歇尔试验和冻融劈裂试验对混合料的水稳定性进行检验。不同成型方法、不同 RAP 掺量下的试验结果分别如表 4-12、表4-13所示。

表 4-12　不同成型方法、不同 RAP 掺量下的浸水马歇尔试验结果

RAP 掺量/%	稳定度(60 ℃,0.5 h)/kN		稳定度(60 ℃,48 h)/kN		残留稳定度/%	
	马歇尔方法	Superpave 方法	马歇尔击实	Superpave 方法	马歇尔方法	Superpave 方法
0	9.26	9.55	7.7	8.03	83.2	84.1
25	13.18	13.69	11.56	11.96	87.7	87.4
40	14.56	15.03	12.93	13.38	88.8	89
60	12.77	13.11	12.2	12.66	98.4	102.6
技术要求	—		—		>80	

表 4-13　不同成型方法、不同 RAP 掺量下的冻融劈裂试验结果

RAP 掺量/%	冻融劈裂强度/MPa		未冻融劈裂强度/MPa		冻融劈裂强度比/%	
	马歇尔方法	Superpave 方法	马歇尔方法	Superpave 方法	马歇尔方法	Superpave 方法
0	0.749	0.737	0.896	0.88	83.6	83.4
25	0.792	0.776	0.981	0.96	82.7	81.9
40	0.786	0.748	0.99	0.942	79.7	78.4
60	0.817	0.802	1.11	1.1	73.4	71.8
技术要求	—		—		>75	

Superpave 方法采用 AASHTO T283-98 的试验方法对混合料的水稳定性进行评价，该方法类似于我国的冻融劈裂试验。如果采用浸水马歇尔试验对两种方法设计的混合料的水稳定性进行对比，由于 Superpave 方法设计的混合料具有更大的毛体积密度，若想达到这个密度只能增加击实次数，而大量试验表明，增加击实次数的方法不能有效增加试件的密度，反而会将大量集料击碎。同时，实践证明，除非是酸性石料，用浸水马歇尔试验测定的残留稳定度很少有达不到标准规定的 75%的情况，甚至出现了大于 100%的情况。

从浸水马歇尔试验的结果可以看出，加了 RAP 的再生沥青混合料的稳定度比没加 RAP 的混合料的稳定度大，且随着 RAP 掺量的增加而大致呈现出增大的趋势；浸水残留稳定度也是随着 RAP 掺配比例的增大而增大。这说明再生沥青混合料的水稳定性强于不加 RAP 的普通混合料，但这与理论不符合。通过分析得出，浸水马歇尔试验不能很好地反映沥青混合料的水稳定性，这样也就否定了用残留稳定度来分析沥青混合料水稳定性的可行性。因为在实际工程中残留稳定度的变化比较大，不能很好地评价沥青混合料经冷热冻融循环后的水稳定性。经实践证明，利用冻融劈裂试验可以更准确地分析沥青混合料的水稳定性。分析表 4-13 中的数据可得出，随着 RAP 掺量的增加，两种方法设计的混合料的冻融劈裂强度比都降低了，说明随着 RAP 掺配比例的增加，再生沥青混合料的水稳定性逐渐降低。但当 RAP 掺配比例不大时，两种方法设计的混合料的冻融劈裂强度比差别不大，说明再生沥青混合料与全新沥青混合料的水稳定性相差不大。

由表 4-13 可知，旋转压实成型的再生沥青混合料在冻融过程前后，其劈裂强度都小于马歇尔压实成型的沥青混合料。从冻融劈裂强度比来看，两种方法成型的再生沥青混合料的冻融劈裂强度比相近，都具有较好的水稳定性。

4.3 基于体积等效的热再生沥青混合料配合比设计

热再生沥青混合料的配合比设计应包含以下基本步骤：①获取有代表性的 RAP，测试 RAP 的性质，确定 RAP 的组成；②确定 RAP 的用量及添加的新集料用量；③确定新沥青、再生剂的种类及用量；④通过性能试验确定满足设计指标的最佳混合料组成。

基于体积等效法的热再生沥青混合料配合比设计流程如图 4-10 所示。

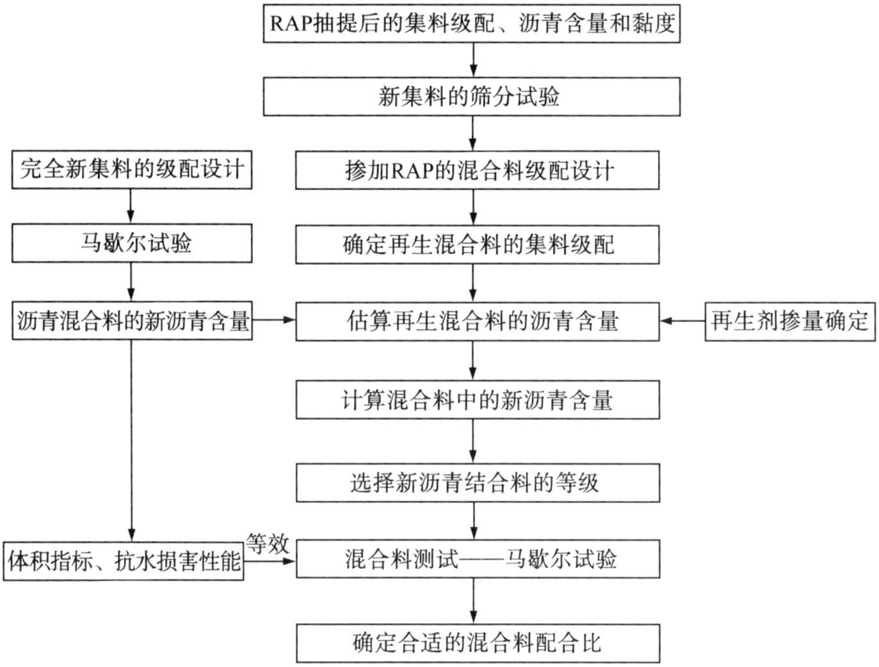

图 4-10　基于体积等效法的热再生沥青混合料配合比设计流程

(1)RAP 中的外加新集料比例。根据旧路面中的集料和新集料的筛分结果,计算出符合再生级配的外加集料比例以及外加新集料占再生混合料总集料的质量分数。

(2)再生混合料中的目标沥青含量。假定 RAP 的添加并不影响等效新集料设计的体积指标和性能指标(主要是抗水损害性能),即可以将相同新集料(0%RAP 掺量)级配所确定的沥青用量作为再生混合料的目标沥青含量。经验表明,当 RAP 掺量不超过 20%时,以上假定基本成立。

若不采用等效法,可以根据工程材料特性、气候特点、交通量等条件,结合当地工程经验进行估算,估算公式如下:

$$P_b = 0.035a + 0.045b + Kc + F \tag{4-12}$$

式中,P_b——估计的沥青混合料的总沥青用量,%。

K——系数,当 0.075 mm 筛孔通过率为 6%～10%时,$K=0.18$;当 0.075 mm筛孔通过率等于或小于 5%时,$K=0.20$。

a——2.36 mm 筛孔以上集料的比例，%。

b——通过 2.36 mm 筛孔且留在 0.075 mm 筛孔上集料的比例，%。

c——通过 0.075 mm 筛孔集料的比例，%。

F——系数，取决于集料的吸水率，取值为 0%～2.0%，资料缺乏时采用 0.7%。

(3)计算新沥青用量(P_{ab})。按照下式计算再生混合料中的新沥青用量：

$$P_{ab}=P_{b}-P_{ob}n/100-P_{ob}nm/10^{4} \tag{4-13}$$

式中，P_{ob}——RAP 中的沥青用量，%；

n——RAP 的掺配比例，%；

m——再生剂的掺量，%。

(4)不同档的 RAP，其沥青含量需要分别计算再求和。

(5)新沥青等级与再生剂的确定。厂拌热再生沥青混合料的目标沥青等级应根据公路等级、混合料使用的层位、当地的气候条件、交通量、设计车速等条件，选取与当地同等条件的道路沥青等级作为目标等级；当 RAP 掺配比例较大时，也可以根据实际情况适当降低一个沥青目标等级。

当为再生混合料选择沥青胶结料等级时，可参考以下建议：

①当 RAP 的掺量不超过 15%时，不需要改变沥青胶结料的等级(有些公路部门规定不超过 20%)。

②当 RAP 的掺量为 16%或更多时，使用比通常指定的 100%新拌沥青混合料所要求的沥青软一个等级的沥青胶结料。一般不应变化超过一个黏度等级，除非试验时检验厂拌热再生沥青混合料的抗车辙性能。

当 RAP 的掺量较大或回收沥青老化较严重时，可以采用黏度调和法则确定新沥青(再生剂)的黏度。计算公式如下：

$$\lg\lg\eta_{mix}=(1-\alpha)\lg\lg\eta_{old}+\alpha\lg\lg\eta_{new} \tag{4-14}$$

式中，η_{mix}——混合后沥青的 60 ℃黏度，Pa·s；

η_{old}——混合前旧沥青的 60 ℃黏度，Pa·s；

η_{new}——混合前新沥青或再生剂的 60 ℃黏度，Pa·s。

根据计算得到的新旧沥青掺配比例和再生剂掺量，进行室内检验，以验证再生沥青等级。

(6)初步混合料设计。初步混合料设计采用马歇尔方法或 Superpave 方法，根据新沥青的黏度-温度关系曲线确定混合料的拌和与成型温度。再生混合料拌和时的投料顺序是将 RAP 粗、细集料放入预热的拌和机中，然后加入再生剂和新沥青，最后加入矿粉，其成型方法与热拌沥青混合料相同。

(7)选择配合比。再生沥青混合料最佳沥青用量的确定方法以及性能检验与热拌沥青混合料相同。

(8)再生沥青混合料的性能验证方法如图 4-11 所示。

图 4-11　再生沥青混合料的性能验证方法

4.4　基于多指标的热再生沥青混合料性能评价

在常规性能对比的基础上，为了全面评价再生沥青混合料的压实特性、动态力学特性和抗裂性能，本书按照 AASHTO TP79、TxDOT 标准进行系统试验，评价不同 RAP 掺量对再生沥青混合料性能的影响。

4.4.1　热再生沥青混合料的旋转压实评价

为了有效模拟路面实际压实的揉搓效果以及克服压实过程中导致集料破碎不足的特性，本书采用 Superpave 旋转压实仪(SGC)进行试件成型，该类设备的基础仪器是得克萨斯旋转压实仪，后来被改进为法国旋转压实仪。改型的得克萨斯旋转压实仪可以满足试件仿真压实的目的，且相当轻便。其试样直径为 6 英寸[①]（在 SGC 上最大为 150 mm），可适合最大尺寸达 50 mm（公称最大粒径为 37.5 mm）集料的混合料。采用该法成型能够弥补传统马歇尔方法的不足，同时还可增加对混合料在初始和最大压实次数下的密实度要求，控制混合料的高温稳定性，避免不稳定混合料的产生；同时，在压实过程中可以记录不同时间对应的高度和旋转次数，便于评价混合料的压实特性。SGC 的旋转压实参数如图 4-12 和表 4-14所示。

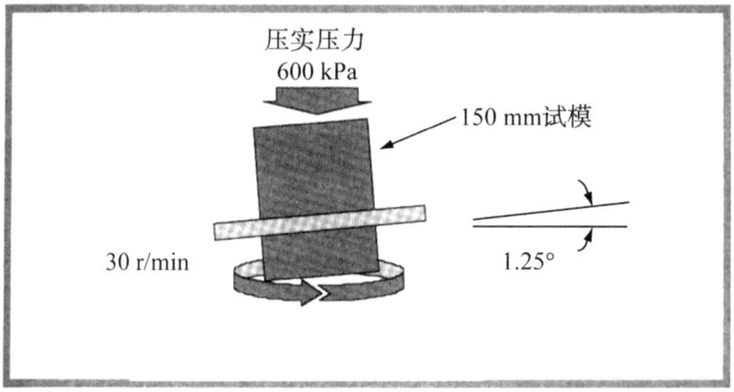

图 4-12　SGC 试模配置图

表 4-14　SGC 成型参数

参数	技术要求
轴向压实荷载/kPa	600
初始压实次数/次	8
设计压实次数/次	100
最终压实次数/次	160

根据不同的试验用途，本书设计的压实试件采用了高度控制，分别为 ∅150 mm×115 mm、∅150 mm×150 mm。分别采用动态模量试验和路面抗裂性能试验时，不同 RAP 掺量下 AC-25 沥青混合料试件的压实曲线对比如图 4-13 所示。

① 1 英寸＝25.4 mm。

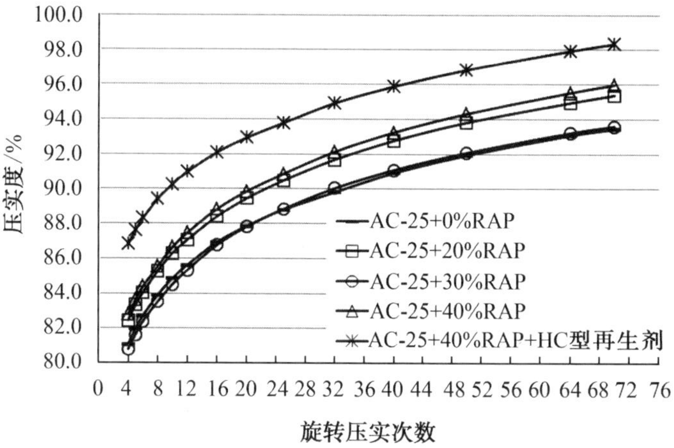

(a)动态模量试验下

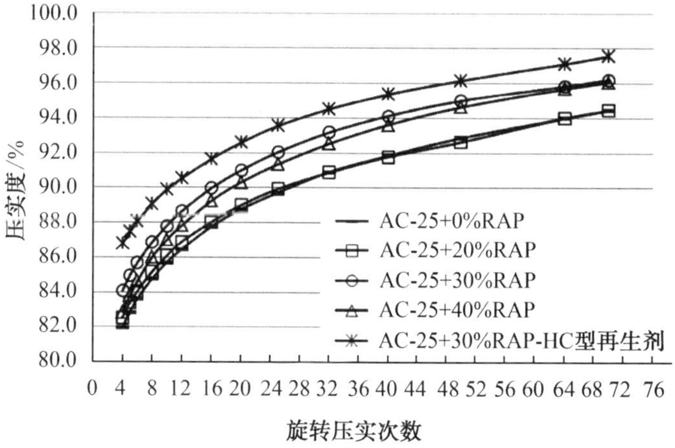

(b)路面抗裂性能试验下

图 4-13　不同 RAP 掺量下 AC-25 沥青混合料试件的压实曲线对比

由图 4-13 可以看出：

(1)在相同的旋转压实次数和加料量下，随着 RAP 掺量的增加，混合料的压实度与旋转压实次数呈正相关，即提高 RAP 的掺量有利于再生沥青混合料和易性的提高。

(2)受压实试件样品数量的影响，个别掺量的增加并未引起压实度的显著提高，但不影响其整体增长趋势。

(3)掺加再生剂后，再生混合料的和易性大幅度提高，这对提高路面使用性能是有利的。基于性价比和耐久性能的考虑，设计时可根据再生剂的使用量，适当降低新沥青的掺加量或调整级配控制空隙率。

4.4.2 热再生沥青混合料动态模量性能评价结果

4.4.2.1 动态模量试验原理与方法

我国目前的沥青路面设计规范规定，采用 20 ℃时的抗压回弹模量来计算弯沉，采用 15 ℃时的抗压回弹模量来计算弯拉应力。实际上，沥青混合料的力学性能会受到温度和荷载频率的影响。在路面结构中，沥青混合料的工作温度在一个较宽的范围内，采用同一温度下的抗压回弹模量不可能反映温度变化对沥青混合料力学性能的影响。我国规范中的抗压回弹模量采用 2 mm/min 的速度加载，其荷载的作用频率并不明确，所以采用抗压回弹模量不能反映路面结构内荷载频率对混合料力学性能的影响。我国于 2011 年开始了“沥青路面设计规范修订项目”，通过对沥青混合料在不同温度和频率下进行动态模量试验，形成动态模量与相位角主曲线和时间-温度位移因子，考虑温度和荷载频率的变化对沥青混合料力学性能的影响，更加真实地反映混合料的实际工作状态。

沥青混合料的动态模量采用简单性能试验机(SPT)测定。进行动态模量试验的试件可以为圆柱形试件、梯形试件或小梁试件，采用半正弦或正弦荷载进行加载。NCHRP 9-19、NCHRP 9-29 和 AASHTO TP62 都是单轴压缩试验的规范。我国交通部西部交通建设科技项目“沥青路面设计指标和参数研究”提出的动态模量试验方法也是单轴压缩试验，在无侧限条件下，按一定的温度和加载频率对直径与高度比为 1∶1.5 的圆柱形试件施加偏移正弦波或半正矢波轴向压应力。

动态模量试验的标准为 JTG E20—2011。试验试件为钻芯试件，标准尺寸为∅100 mm×150 mm。先用 SGC 成型高度为 16.5～17.5 cm 的试件，用取芯机从试件中取出直径为∅100 mm 的芯样，再用双面锯切割出符合高度要求的试验试件。在试验温度为 15 ℃时，采用 10 个加载频率(25 Hz、20 Hz、10 Hz、5 Hz、2 Hz、1 Hz、0.5 Hz、0.2 Hz、0.1 Hz、0.01 Hz)分别测定试件的动态模量和相位角。动态模量试验采用常应力控制方式，对试件施加正弦荷载，最大弯拉应变控制在75～125 $\mu\varepsilon$之间。

不管采用何种控制方式，动态模量试验都可以得到两个参数：动态模量

($|E^*|$)和相位角(φ)。动态模量可以通过试验达到稳定状态时的应力幅值和应变幅值的比值来确定，即式(4-15)。

$$|E^*|=\frac{\sigma_{\text{amp}}}{\varepsilon_{\text{amp}}} \tag{4-15}$$

式中，σ_{amp}——应力幅值，MPa；

ε_{amp}——应变幅值，mm/mm。

相位角表示材料黏性部分和弹性部分的相对大小，由式(4-16)确定：

$$\varphi=2\pi f\Delta t \tag{4-16}$$

式中，f——施加荷载的频率，Hz；

Δt——试验中应变滞后于应力的时间，s。

对于完全弹性材料，$\varphi=0°$；对于完全黏性材料，$\varphi=90°$。随着相位角的增加，材料的黏性性质增加。由动态模量和相位角的试验结果可以确定复数模量。复数模量是一个复数，用来确定黏弹性材料的应力、应变特性，它由实部和虚部两部分组成，如式(4-17)所示：

$$E^*=E'+\mathrm{i}E'' \tag{4-17}$$

式中，E'——存储模量，MPa；

E''——损失模量，MPa。

动态模量是复数模量的绝对值，反映了材料抵抗变形的能力。存储模量、损失模量、动态模量及相位角之间的关系如下：

$$|E^*|=\sqrt{(E')^2+(E'')^2} \tag{4-18}$$

$$E'=|E^*|\cos\varphi \tag{4-19}$$

$$E''=|E^*|\sin\varphi \tag{4-20}$$

通过对试验数据进行分析可以得到动态模量和相位角，从而确定该种材料的存储模量和损失模量，进而得到复数模量。

4.4.2.2　动态模量试验条件与结果

为了测定沥青混合料动态模量与各种影响因素的关系，本书参照国内外的沥青混合料动态模量试验方法，设计了 10 个试验频率(25 Hz、20 Hz、10 Hz、5 Hz、2 Hz、1 Hz、0.5 Hz、0.2 Hz、0.1 Hz、0.01 Hz)、4 个试验温度(10 ℃、20 ℃、35 ℃、50 ℃)水平下的动态模量试验方案。试验设备及加载模式如图4-14所示。

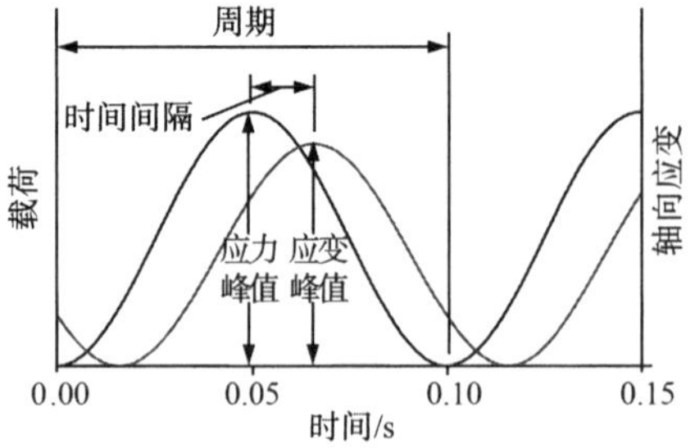

图 4-14　动态模量试验设备及加载模式

(1)RAP 掺量对动态模量的影响(见图 4-15)。由图 4-15 可知,从低温环境至高温环境,沥青混合料的动态模量随着频率的增加而增大,随着 RAP 掺量的增加而减小,这与本书车辙试验的趋势是相反的,说明热再生沥青混合料的性能评价需要在后续加强相关性分析。

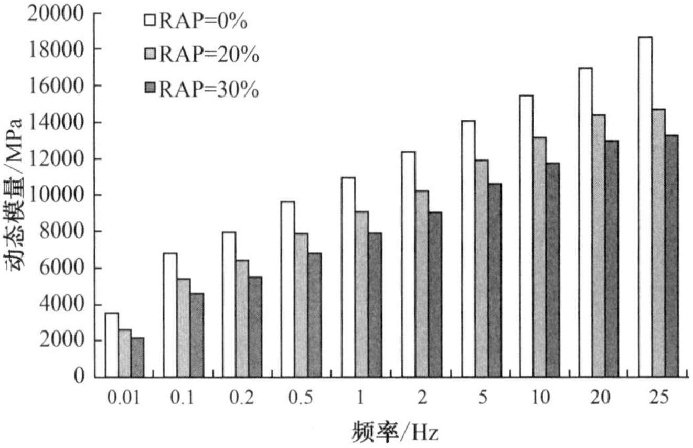

(a)10 ℃

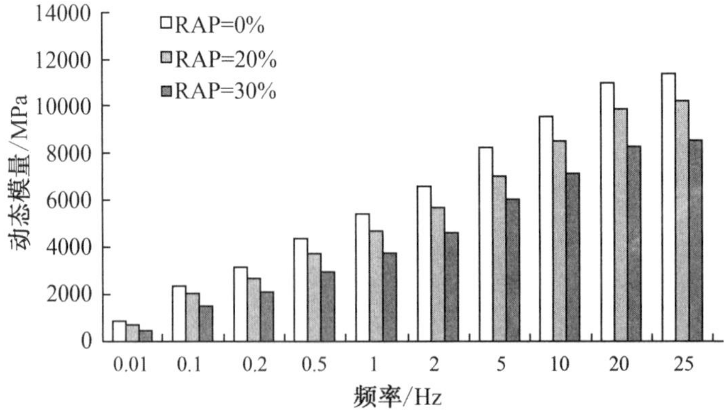

(b)20 ℃

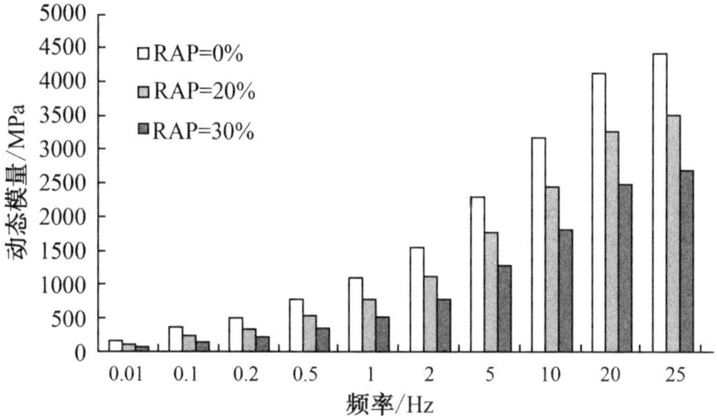

(c)35 ℃

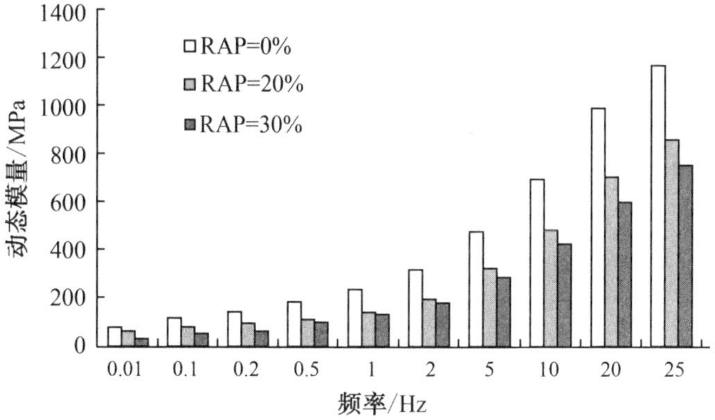

(d)50 ℃

图 4-15　不同温度、不同 RAP 掺量下的 AC-25 沥青混合料的动态模量与频率的关系

(2)RAP 掺量对车辙因子和疲劳因子的影响(见图 4-16 和图 4-17)。由图 4-16 和图 4-17 可知,从低温环境至高温环境,沥青混合料的车辙因子和疲劳因子随着频率的增加而增大,随着 RAP 掺量的增加而减小。

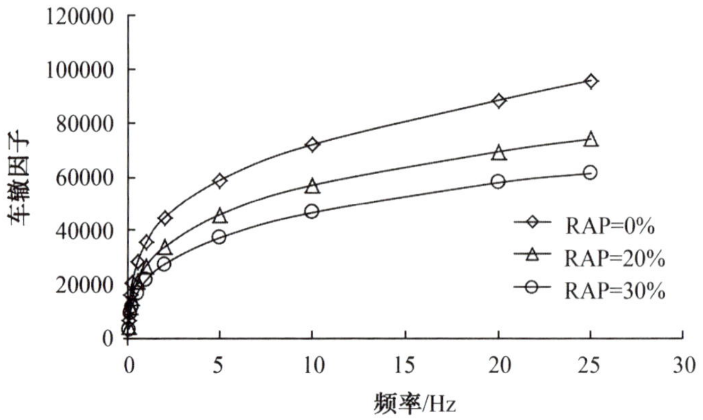
120000
100000
80000
60000
40000
20000
0
车辙因子
0
5
10
15
20
25
30
频率/Hz
RAP=0%
RAP=20%
RAP=30%

(a)10 ℃

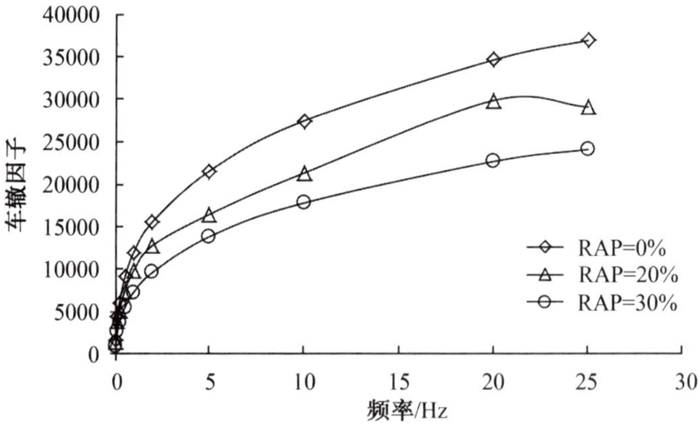
40000
35000
30000
25000
20000
15000
10000
5000
0
车辙因子
0
5
10
15
20
25
30
频率/Hz
RAP=0%
RAP=20%
RAP=30%

(b)20 ℃

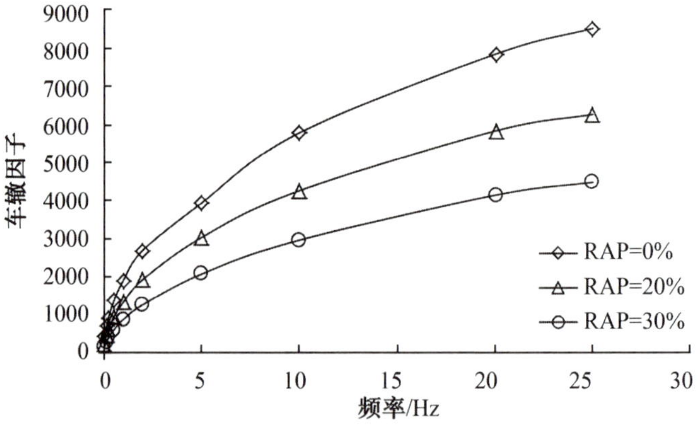
9000
8000
7000
6000
5000
4000
3000
2000
1000
0
车辙因子
0
5
10
15
20
25
30
频率/Hz
RAP=0%
RAP=20%
RAP=30%

(c)35 ℃

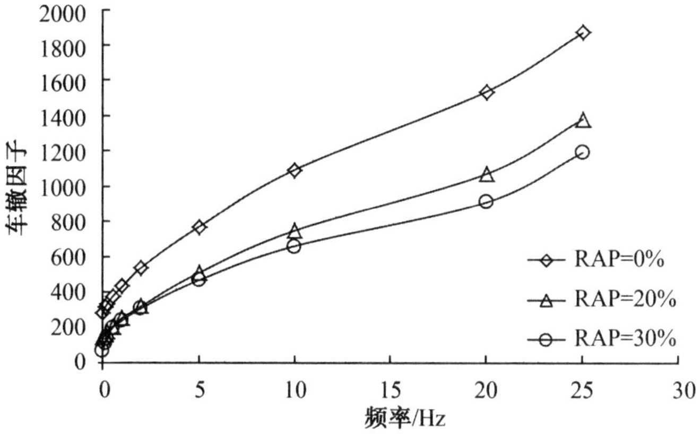

(d)50 ℃

图 4-16　不同温度、不同 RAP 掺量下 AC-25 沥青混合料的车辙因子与频率的关系

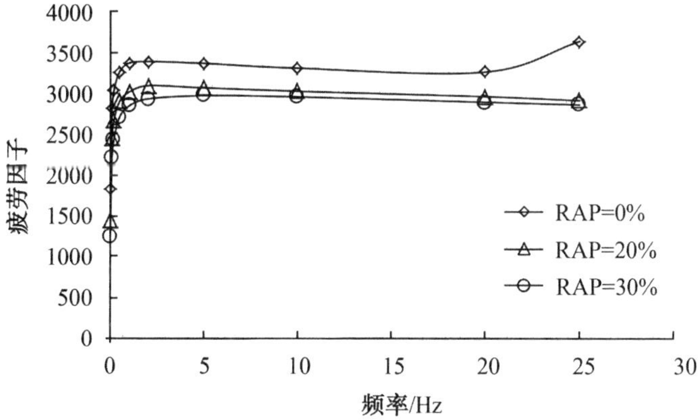

(a)10 ℃

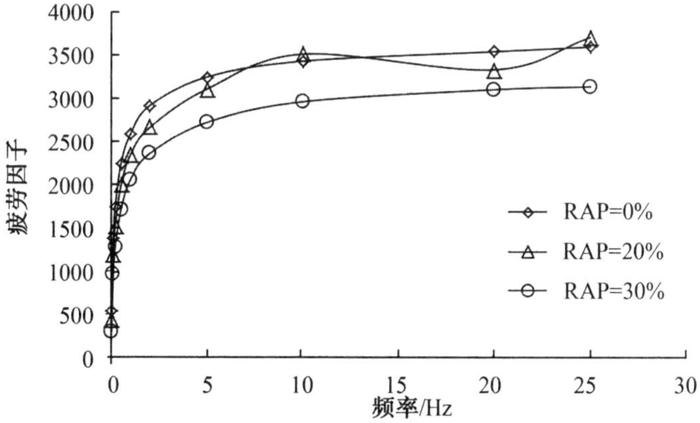

(b)20 ℃

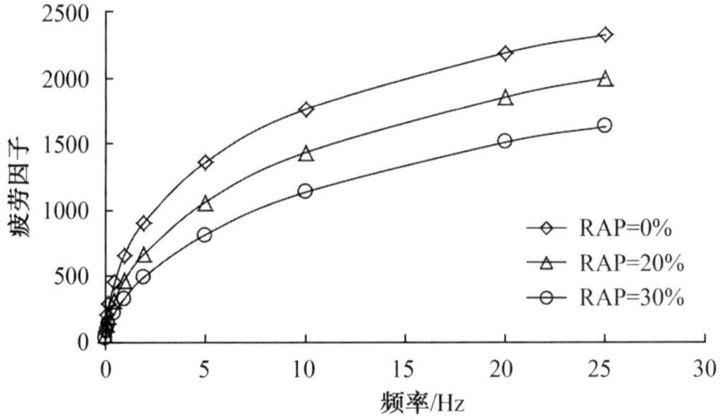

(c)35 ℃

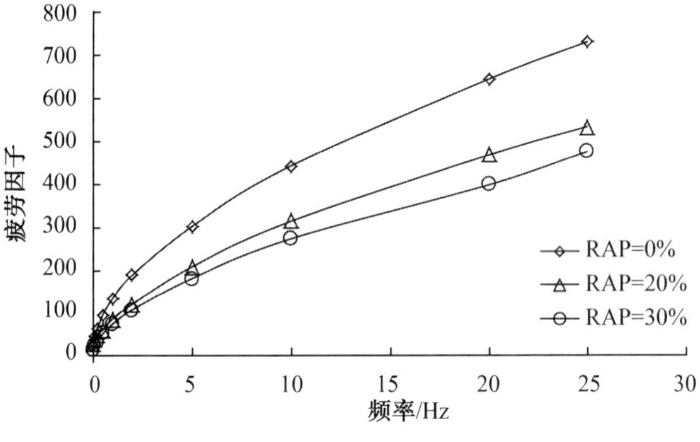

(d)50 ℃

图 4-17　不同温度、不同 RAP 掺量下 AC-25 沥青混合料的疲劳因子与频率的关系

(3)20 ℃下不同 RAP 掺量、不同频率对再生沥青混合料动态力学特性的影响如图 4-18 所示。

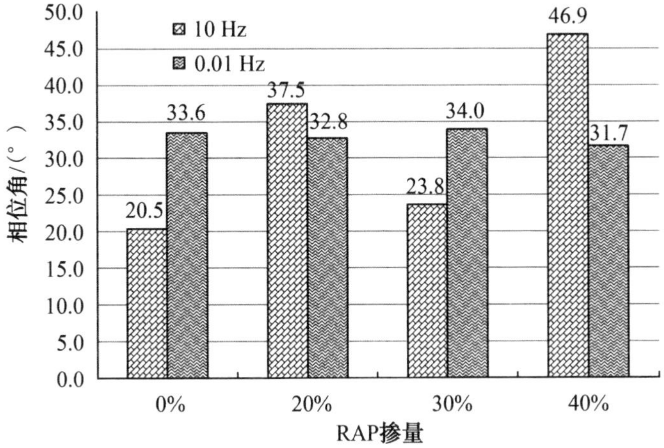

(a)不同 RAP 掺量、不同频率对相位角的影响

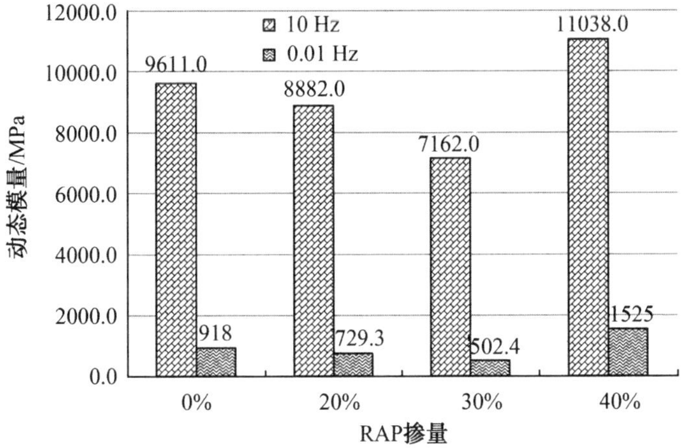

(b)不同 RAP 掺量、不同频率对动态模量的影响

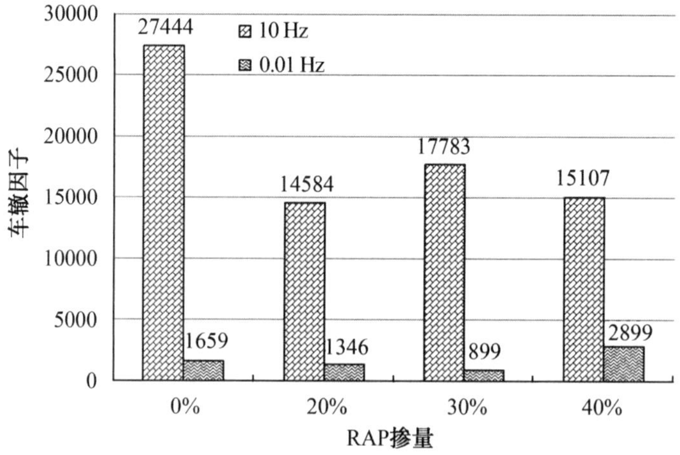

(c)不同 RAP 掺量、不同频率对车辙因子的影响

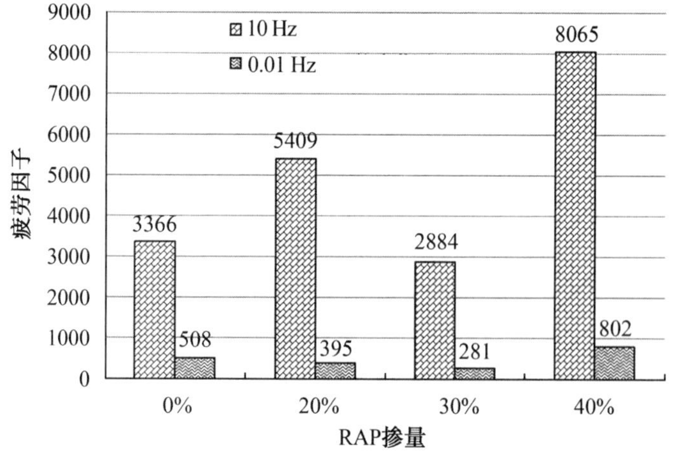

(d)不同 RAP 掺量、不同频率对疲劳因子的影响

图 4-18　不同 RAP 掺量、不同频率对再生沥青混合料动态力学特性的影响

4.4.3　热再生沥青混合料抗裂性能试验评价结果

沥青混合料的疲劳是材料在荷载重复作用下产生不可恢复的强度衰减积累所引起的一种现象。显然,荷载的重复作用次数愈多,强度损伤就愈加严重,它所承受的应力或应变值就愈小。本书采用路面抗裂性能试验对温拌沥青混

合料的抗疲劳性能进行评价。

4.4.3.1　路面抗裂性能试验条件及评价指标

试验设备包括加载和测量系统，如图 4-19(a)所示。必要时配备控温箱，控温箱可以控制试件达到所需温度，控温箱可控温度范围为 0～25 ℃，误差为±0.5 ℃。

机械测试设备由电机带动一个能提供正弦波位移荷载的变速箱进行驱动。试验设备施加周期为 10 s、最大位移为 0.63 mm 的正弦波循环荷载，直到试件破坏，如图 4-19(b)所示。路面抗裂性能试验的评价指标是在标准条件下测定的沥青混合料的抗疲劳和抗裂性能，以裂缝贯穿试件所需加载次数(N)表示。

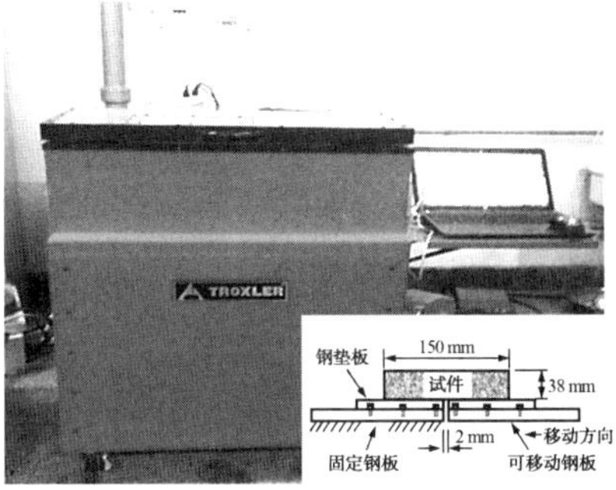

(a)试验设备

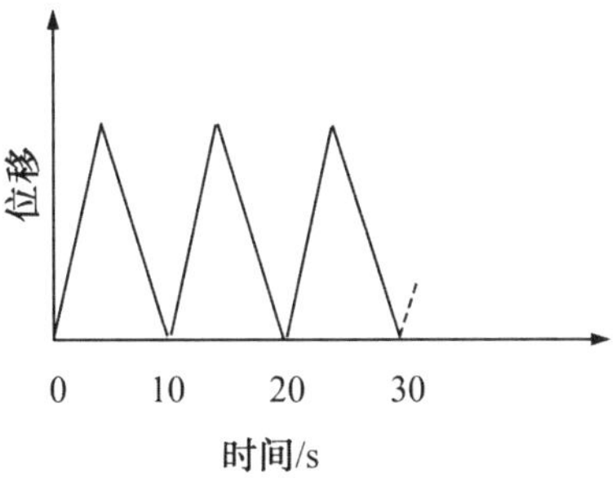

(b)加载模式

图 4-19　路面抗裂性能试验设备及加载模式

4.4.3.2　试件的制备

首先通过旋转压实仪成型直径为 150 mm、高为(127±5)mm 的圆柱形试件，然后对试件进行切割。其切割方法和试件尺寸要求如图 4-20 所示。

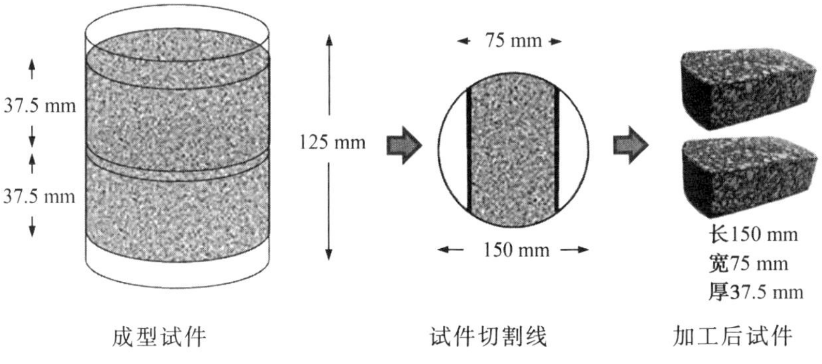

(a)

(b)

图 4-20　切割试件的方法及尺寸要求

切割后的试件实物如图 4-21(a)所示。切割后将试件用强力胶固定在承载试件底座上[见图 4-21(b)]，该底座的尺寸为长 300 mm，宽 150 mm，厚 13 mm，底座板面上刻有一定间距的凹槽。应当使用淬火钢、镀钢或高强度阳极氧化铝来制作该底座。待试件和钢板粘接强度满足要求后将其放在试验设备中进行测试。

(a)试件

(b)固定试件的模板

图 4-21　试件及固定试件的模板

4.4.3.3　试验结果分析

试验试件出现疲劳裂缝时的加载次数及相应的力值变化如表 4-15 和图 4-22所示。

表 4-15　各沥青混合料试验试件出现疲劳裂缝时的加载次数

RAP 掺量	加载次数/次
0%	403
20%	290
30%	261
40%	108
40%＋HC 型再生剂	204

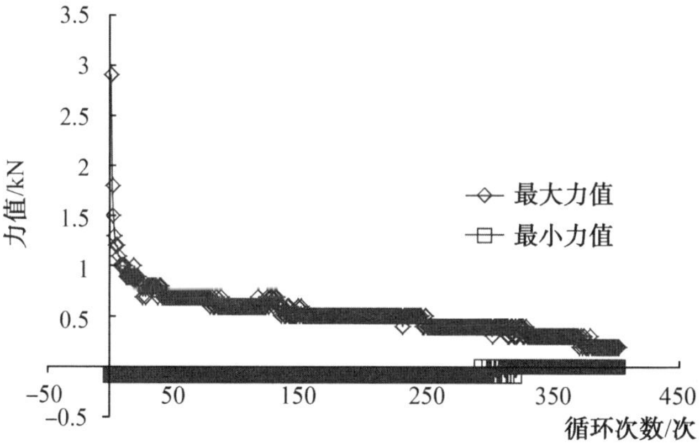

(a)0% RAP 掺量

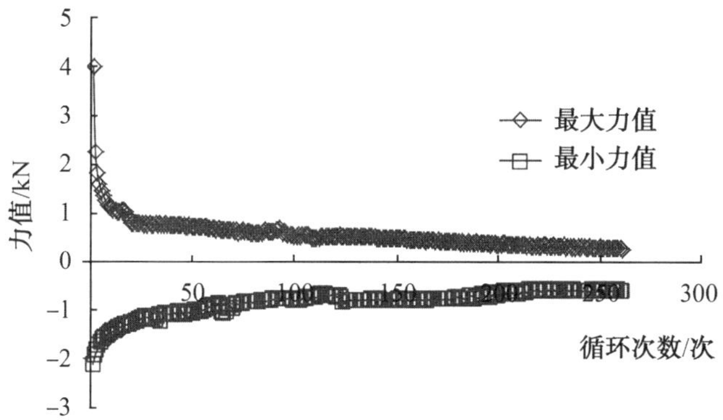

(b)30% RAP 掺量

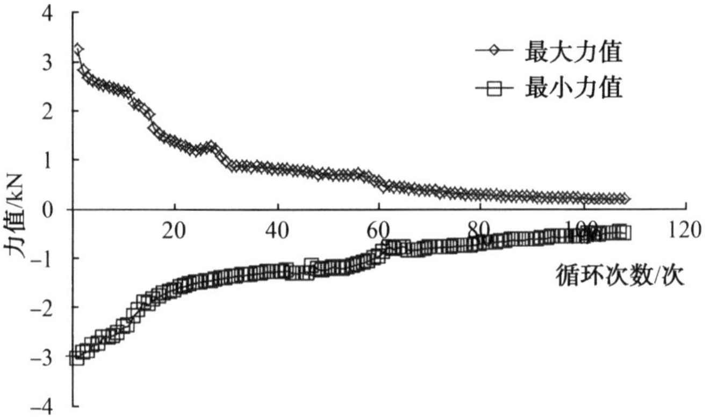

(c)40% RAP 掺量

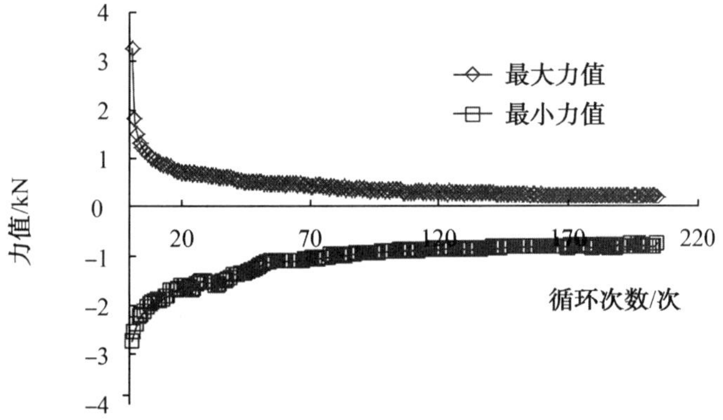

(d)40% RAP 掺量+HC 型再生剂

图 4-22　路面抗裂性能试验加载力值随循环次数的变化曲线

通过路面抗裂性能试验可知，随着 RAP 掺量的升高，沥青混合料的抗裂和抗疲劳性能逐渐降低。但是，通过在 RAP 中加入再生剂可以改善这一性能。

本章小结

沥青混合料不同的设计方法有其不同的成型方式，成型方式会对混合料的性能造成一定影响。对于混合料的性能试验，Superpave 方法的检验和评估体系并不完善，并且设备昂贵；而现行规范中关于沥青混合料性能的试验方法经过大量研究和应用，证明具有一定的合理性，在一定程度上能够反映实际路面的使用性能，所以仍然采用现行规范中关于性能试验的仪器和方法对混合料的性能进行检验。对于两种方法设计的具有不同油石比和毛体积密度的混合料，可以通过改变混合料成型时压实功的大小成型试件。

通过对比不同 RAP 掺量的马歇尔方法和 Superpave 方法设计的再生沥青混合料的性能，研究不同成型方式、不同 RAP 掺量对再生沥青混合料高温抗车辙、低温抗裂、抗水损害等路用性能的影响，本章主要得出以下结论：

(1)通过冻融劈裂试验发现：Superpave 方法和马歇尔方法压实成型的混合料的冻融劈裂强度比相差不大。由此可见，两种方式成型的再生沥青混合料的水稳定性能相近。随着 RAP 掺量的提高，老化沥青含量的增加导致沥青与矿料间的黏附性变差，在水的作用下沥青从矿料表面剥落，从而影响沥青混合料的力学性能。因此增加 RAP 掺量会导致厂拌热再生沥青混合料的水稳定性降低。

(2)Superpave 方法设计的再生沥青混合料车辙试验动稳定度高于马歇尔方法设计的再生沥青混合料，汉堡轮辙试验的相对变形率较小。由此分析 Superpave方法设计的再生沥青混合料由于最佳油石比较小，加大了压实功，空隙率较小，因此设计出的沥青混合料强度高，抗车辙能力优于马歇尔方法设计的再生沥青混合料。随着 RAP 掺量的增加，再生沥青混合料的动稳定度也逐渐增大。这是由于随着 RAP 掺量的提高，RAP 中的老化沥青含量也逐渐增多，沥青的老化导致沥青变硬，针入度降低，软化点及黏度升高，从而增加了厂拌热再生沥青混合料的抗车辙变形能力。因此，增加 RAP 掺量能在一定程度上改善厂拌热再生沥青混合料的抗车辙变形能力。

(3)对车辙板切割进行小梁低温弯曲试验，得出 Superpave 方法设计的再生沥青混合料的低温性能优于马歇尔方法设计的再生沥青混合料。有研究表明，掺加了 RAP 的热再生沥青混合料的低温稳定性降低，马歇尔击实无法克服 RAP 带来的影响；而 Superpave 方法设计的沥青混合料增加了压实功，在一定程度上会弥补低温稳定性下降的缺陷。随着 RAP 掺量的增加，厂拌热再生沥青混合料的最大弯拉应变逐渐降低，低温抗裂性能变差。通过分析可知：由于

RAP 掺量的增加，厂拌热再生沥青混合料的劲度模量增加，混合料整体呈现变硬、变脆的趋势，从而影响了混合料的低温抗裂性。

(4)总结了厂拌热再生沥青混合料配合比的设计方法及基本的设计流程，提出了以体积等效为目的的再生沥青混合料设计方法。

(5)确定了基于多指标的热再生沥青混合料的性能评价体系，分析了 RAP 掺量对热再生沥青混合料动态力学特性的影响，提出了基于路面抗裂性能试验控制的热再生沥青混合料的设计要求。

第 5 章　厂拌热再生高效利用施工保障与配套关键技术

5.1　再生混合料可压实温度保证技术

通过第 2 章对不同 RAP 掺量下的混合料出料温度进行研究发现，当 RAP 掺量为 50%左右时，新集料的加热温度 215 ℃仅能保证出料温度在 155 ℃±5 ℃。这不仅增加了燃料成本，也使得实际加温火焰变得难以控制。若 RAP 的含水率较大，混合料的出料温度必然很难满足要求。因此有必要对不同 RAP 掺量下混合料的压实温度保证技术进行研究。本章主要从不同温拌手段着手，研究 RAP 掺量为 30%时，温拌手段对混合料压实温度和降温幅度的影响。

5.1.1　温拌剂对再生沥青混合料成型温度的影响

本书选用设计级配 AC-20，在等体积原则确定的成型温度下，成型温拌再生沥青混合料试件；然后以热拌沥青混合料为参照，利用汉堡轮辙试验评价不同温拌再生沥青混合料的高温性能及水稳定性。

相关研究表明，温拌沥青混合料成型温度的确定可以参考混合料的体积指标，即对温拌沥青混合料采用不同的成型温度，在其混合料体积指标达到与热拌沥青混合料设计体积指标相同时的温度即为温拌沥青混合料的成型温度。采用的成型设备为旋转压实仪，旋转压实试件是在固定压力、压实角和转速条件下通过揉搓作用成型的，与只通过上下击打作用成型的马歇尔试件相比，旋转压实试件的压实效果更接近工程实际压实状况；同时，在较低温度下，混合料处于一种黏稠状态，这种性状的温拌沥青混合料需在具有一定揉搓作用的加载条件下进行压实才会达到较好的压实效果。有文献也指出，Superpave 法更适合于温拌沥青混合料的配合比设计。混合料压实温度的确定一般选择空隙率作为体积指标控制参数，它是混合料设计中重要的体积参数之一。空隙率过大会影响混合料的水稳定性，空隙率过小会使路面在使用过程中产生压密性破坏。因此，本书选择旋转压实等空隙率法（即保证温拌沥青混合料与热拌沥青混合料具有相同的空隙率）确定温拌沥青混合料的最佳压实温度，具体步骤为：

(1)选用旋转压实仪制备热拌沥青混合料试件，按照施工规范确定 SBS 改性热拌沥青混合料的成型温度为 165 ℃，测定常规热再生旋转压实试件的空隙率为 4.0％。

(2)根据热拌沥青混合料的配合比配料，根据不同类型温拌剂（Evotherm-DAT、Leadcap Sasobit 和 ZQ-WB3）的添加方式加入温拌剂，成型不同温度（125 ℃、135 ℃、145 ℃、155 ℃）下的温拌沥青混合料试件（DAT 温拌沥青混合料、Le 温拌沥青混合料、Sa 温拌沥青混合料、ZQ 温拌沥青混合料）。温拌沥青混合料拌和完成后需在相应压实温度条件下保温老化 2 h，将试件成型温度控制在目标温度±3 ℃，每个温度下制备 2 个试件。空隙率随成型温度的变化曲线如图 5-1 所示。

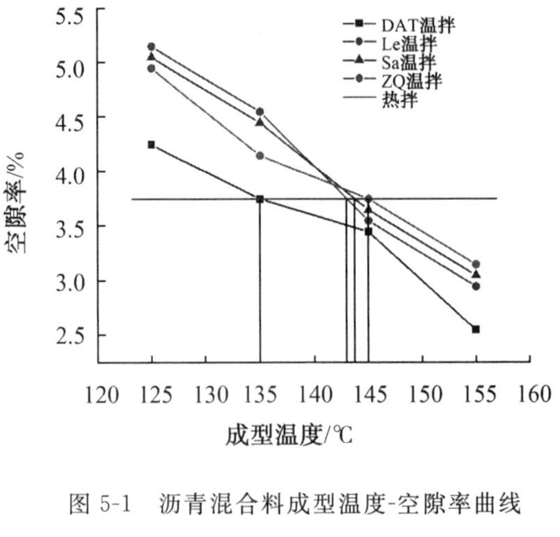

图 5-1　沥青混合料成型温度-空隙率曲线

(3)以热再生沥青混合料试件的空隙率为控制指标，将在不同温度下成型的温拌试件的空隙率与热拌试件的空隙率进行对比，得出的混合料最佳压实温度及降温幅度如图 5-2 所示。

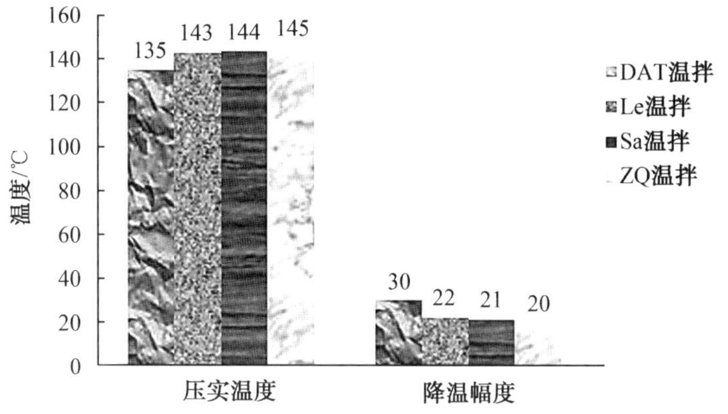

图 5-2　温拌沥青混合料压实温度与降温幅度对比

注：温拌沥青混合料与常规热再生沥青混合料均旋转压实 100 次，沥青含量为 4.4%。

由图 5-1 可以看出，温拌沥青混合料的空隙率均随成型温度的升高而降低，且降低幅度逐渐变小。从成型温度-空隙率关系图上可以找出四种温拌沥青混合料空隙率与热拌沥青混合料空隙率数值的交点，其交点所对应的温度即为温拌沥青混合料的压实温度，此时温拌沥青混合料与热拌沥青混合料的体积指标相同，达到了以热拌沥青混合料空隙率为控制指标确定温拌沥青混合料合理成型温度的目的。从图 5-2 中可以看出，表面活性剂法(DAT 温拌)的压实温度比有机添加剂法(Le 温拌、Sa 温拌、ZQ 温拌)低 10 ℃左右，这一方面是因为表面活性剂与有机添加剂作用原理不同；另一方面是因为表面活性剂为液体，能够更好地与沥青集料充分地混合，而有机添加剂则容易与沥青结块，这在一定程度上影响了其降温效果。为确保温拌沥青混合料的质量并易于控制试验温度，最终确定 DAT、Le、Sa 和 ZQ 温拌沥青混合料的最佳成型温度分别为 135 ℃、145 ℃、145 ℃、145 ℃。

5.1.2 机械发泡对再生沥青混合料成型温度的影响

5.1.2.1 确定试验最佳发泡条件

根据之前的沥青发泡试验,确定试验最佳发泡条件为:SBS改性沥青发泡用水量为3.0%,沥青温度为165 ℃,水温为30 ℃。发泡参数检测指标如表5-1所示,发泡效果如图5-3所示。

表5-1 发泡参数检测指标

检测指标	检测值	技术要求
膨胀率/倍	7.2	≥6
半衰期/s	37	≥30

图5-3 发泡效果图

5.1.2.2 泡沫沥青混合料最佳成型温度的确定

沥青发泡试验选用的集料、级配与热拌沥青混合料相同。对于热拌沥青混合料,在温度特别高和特别低时,空隙率取决于级配;而在正常作业温度下,压实效果取决于沥青黏度,而沥青黏度与温度密切相关。由于压实温度与沥青混合料的路用性能之间有着密切的关系,因此确定泡沫温拌沥青混合料的最佳成型温度很有必要。本书采用不同的拌和温度与压实温度对泡沫沥青混合料进行旋转压实成型,并绘制了压实温度-空隙率曲线(见图5-4),得到了泡沫沥青混合料的最佳拌和温度与压实温度。

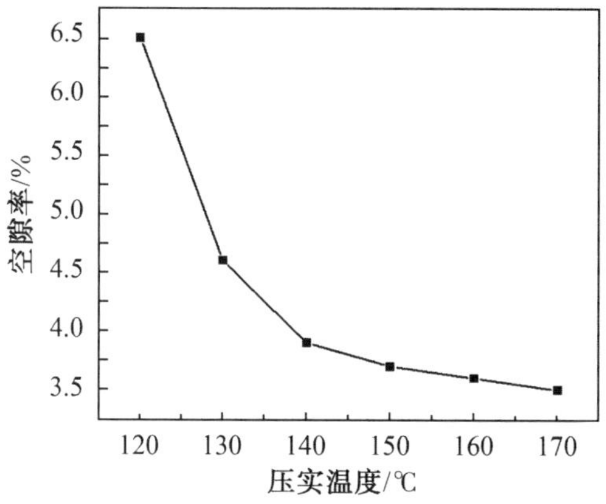

图 5-4　泡沫沥青混合料的压实温度与空隙率的关系曲线

由图 5-4 可知，随着压实温度的降低，泡沫沥青混合料的空隙率逐步提高。若将空隙率控制在 4%左右，当压实温度为 130～140 ℃时，混合料的空隙率可以满足要求。因此，确定泡沫沥青混合料的最佳拌和温度和压实温度（见表 5-2）与热拌沥青混合料相比均差 30 ℃左右。

表 5-2　热拌与温拌再生沥青混合料温度对比

混合料种类	拌和温度/℃	压实温度/℃
改性沥青热拌	170～180	160～170
泡沫沥青温拌	140～150	130～140

5.2　热再生沥青混合料再生剂添加技术

5.2.1　再生剂添加工艺对混合料的影响

厂拌热再生设备的工艺投料方式不同，再生剂的添加时机不同，会导致混合料的性能存在差异；同时，拌和时间对于再生沥青混合料各组成材料的融合同样有重要影响，拌和时间不足会明显影响再生沥青混合料的路用性能。

目前，国内对再生剂的添加方式有再生剂先与 RAP 拌和，再与新沥青混合，以及再生剂先与新沥青混合，再与 RAP 进行拌和，具体如下：①RAP 与再生剂干拌一定时间，再添加新沥青及新集料，最后加入矿粉；②RAP与新沥青融合后，添加一定比例的再生剂，再投入新集料及矿粉；③RAP与新集料干拌后，加入再生剂及新沥青，最后加入矿粉。

基于此，本章设计了再生剂与RAP拌和、再生剂添加新沥青后与RAP拌和两种平行试验，拌和时间分60 s和90 s两种情况，沥青混合料为AC-20，RAP掺量为25%，再生剂用量为沥青质量的10%。试验结果如图5-5～图5-7所示。

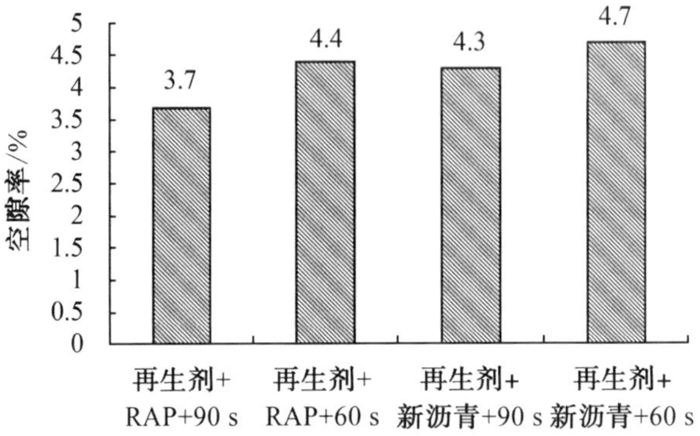

图5-5 拌和顺序及时间对再生沥青混合料空隙率的影响

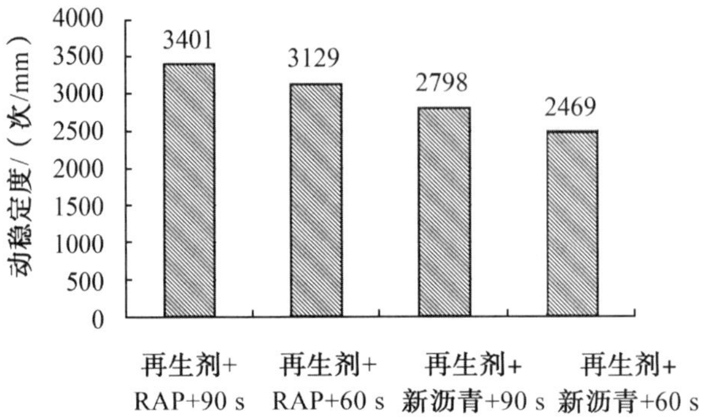

图5-6 拌和顺序及时间对再生沥青混合料动稳定度的影响

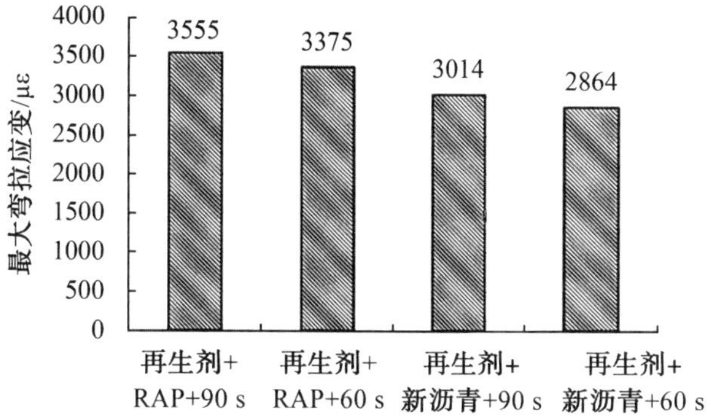

图 5-7　拌和顺序及时间对再生沥青混合料最大弯拉应变的影响

从图 5-5～图 5-7 中可以看出，再生剂先与 RAP 混合，可以获得比先与新沥青混合更好的混合料压实效果，同时高、低温性能也有相应的提高。此外，延长拌和时间也能够有效改善再生沥青混合料的相应性能。通过以上分析，建议在再生沥青混合料生产过程中，干拌时间比普通热拌沥青混合料延长 5 s，湿拌时间延长 10～15 s；如果 RAP 的老化程度比较严重或 RAP 中沥青的含量相对较大，应适当延长拌和时间以提高再生效果。

5.2.2　基于预搅拌理念的 RAP 转运仓改造

本书关于厂拌热再生技术的研究成果主要是基于安迈 4000 型间歇式沥青混凝土拌和站完成的，该设备主要包括新集料烘干加热系统、RAP 高效加热系统、热 RAP 临时存储系统、再生剂喷洒系统、再生剂存储罐、天然气燃烧器、大功率除尘系统等几大关键部分（见图 5-8～图 5-15）。本书着重研究对 RAP 热料储料仓的改造，并增加再生剂喷头和再生剂添加装置。

图 5-8　安迈 4000 型间歇式沥青混凝土拌和站

图 5-9　新集料烘干加热系统

图 5-10　RAP 高效加热系统

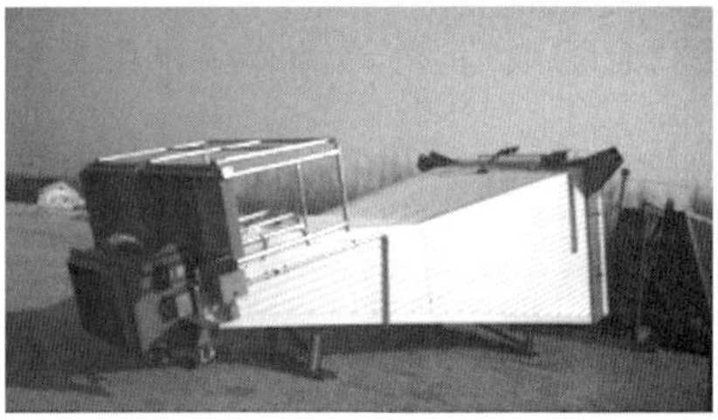

图 5-11　热 RAP 临时存储系统

图 5-12　再生剂喷洒系统

图 5-13　再生剂存储罐

图 5-14　天然气燃烧器

图 5-15　大功率除尘系统

本章小结

通过研究，本章主要得出如下结论：

(1)除 ZQ-WB3 型温拌再生沥青混合料的抗水损害性能有所降低外，采用其他温拌手段的再生沥青混合料在保证汉堡轮辙试验结果满足要求的前提下，还可使混合料的压实温度降低25～30 ℃。

(2)结合间歇式沥青混凝土拌和站的实际生产情况，本书在发泡设备的研制过程中，加入了压缩空气的计量和控制系统，可以使水雾化，产生高压雾化水，保证水与热沥青充分接触，并提高水在沥青流中的穿透性，使气泡更均匀、更细小。同时，结合文丘里管型发泡装置的发泡特点，本书对发泡管进行研制和改良。SBS 改性沥青的发泡效果较室内试验大大改善，可以实现膨胀率至少为原体积的6 倍，半衰期不小于 30 s，满足间歇式沥青混凝土拌和站拌和泡沫沥青混合料的技术要求。

(3)通过试验研究发现，再生剂先与 RAP 混合，可以获得比先与新沥青混合更好的混合料压实效果，同时高、低温性能也有相应的提高；此外，延长拌和时间也能够有效改善再生沥青混合料的相应性能。因此，本书对基于预搅拌理念的 RAP 转运仓装置进行改造，明确了高 RAP 掺量的沥青混合料厂拌热再生施工工艺和设备要求。

第6章　热再生沥青路面结构转换设计与分析

6.1　沥青路面温度场特性

沥青混合料作为一种典型的温度敏感性材料,其力学特性和路用性能随温度的变化而显著变化。夏季高温环境下,沥青混合料的劲度模量较低,在荷载的重复作用下容易产生推挤和车辙等病害;在温度较低时,沥青混合料抵抗变形的能力显著降低,因此在冬季温度骤降或高低温反复交替的情况下,沥青路面往往会产生温度收缩裂缝。此外,沥青路面的其他损坏形式,如疲劳裂缝、反射裂缝等,也与沥青路面温度的分布状况有直接或间接关系。

准确地预测沥青路面温度场的分布状况,可以为道路设计人员提供最不利的温度参数,从而利于他们根据当地具体情况优化选择合适的沥青混合料,使路面结构在最不利的温度条件下仍具有足够的高温稳定性和低温抗裂性[60]。另外,沥青路面的承载能力和使用性能与其温度场分布以及沥青材料的强度参数都有着内在和必然的联系,因此,深入了解沥青路面温度场的分布特性和变化规律,正确预测路面温度场的分布状况,对分析沥青路面各种损坏形式的产生机理和确定沥青路面的强度参数,具有重要的理论和现实意义。

6.1.1　实测温度场方案设计

大量实测数据的采集是深入了解沥青路面温度场分布特性和变化规律的前提,因此本章以胶州湾高速公路为依托开展相关研究。

6.1.1.1 温度传感器的选择

温度传感器用于测量路面结构内部不同深度的温度，以得到路面温度场。试验路选用美国达拉斯（Dallas）公司生产的一线式数字温度传感器 DS18B20 进行测量，该传感器的温度测量范围为－55～＋125 ℃，分辨率可达 0.0625 ℃，精度为0.5 ℃。该传感器的芯片功耗很低，可以实现长期自动监测。

6.1.1.2 温度传感器的布置

为了获得沥青路面不同深度的温度场，本书根据路面结构设置了 6 个温度传感器，可 24 h 采集结构层不同深度的温度数据。温度传感器具体埋设位置如图 6-1 所示。

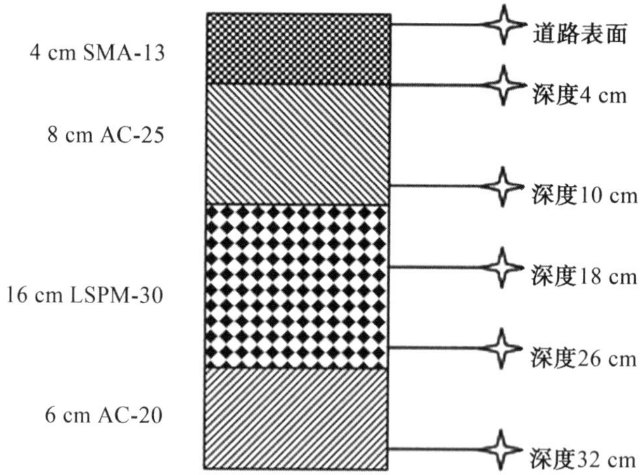

图 6-1　温度传感器埋设位置示意图

6.1.2 温度场数据采集及分析

本书的数据采集时间为 2022 年 1 月 21 日至 2022 年 10 月 21 日，温度传感器数据采集频率为 48 次/天，即每隔 30 min 系统自动采集各测点的温度并保存在数据存储器中。数据采集期内沥青路面温度场变化曲线如图 6-2所示。

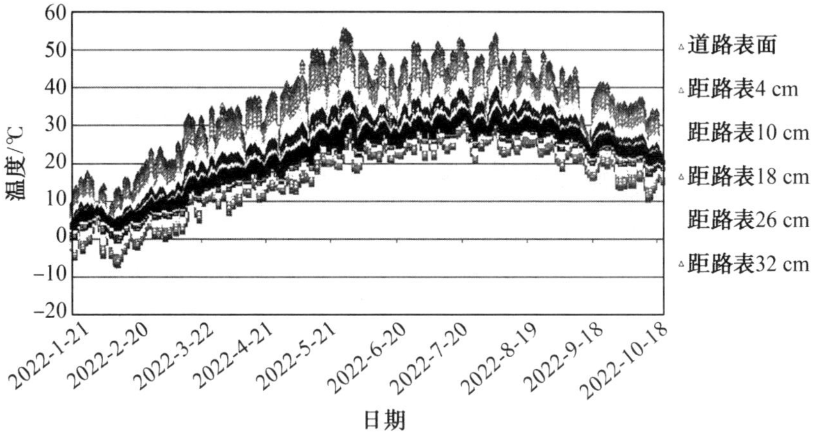

图 6-2　数据采集期内沥青路面温度场变化曲线

气象学上采用候平均气温划分四季，并规定候平均气温大于或等于 22 ℃的时期为夏季，小于或等于 10 ℃的时期为冬季，介于 10～22 ℃之间的为春季或秋季。其中，夏季的代表性月份为 7 月和 8 月，冬季的代表性月份为 1 月和 2 月。根据以上分析，本书选取 8 月和 2 月的温度变化来分别表征夏季和冬季的沥青路面温度场。

6.1.2.1　夏季温度场分析

测试范围内沥青路面的最高温度出现在 2022 年 8 月 4 日 14:00，因此选择该日为夏季特征天并以此分析夏季的沥青路面温度场。该特征天最高温度出现时刻的道路表面温度为 54.1 ℃，距路表 4 cm、10 cm、18 cm、26 cm 和 32 cm 结构层内的温度分别为 50.4 ℃、43.1 ℃、36.7 ℃、33 ℃和 32.1 ℃。特征月与特征天的沥青路面温度场变化曲线分别如图 6-3 和图 6-4 所示。

由图 6-3 可知，结构层内不同深度处的温度变化趋势基本相同。但不同深度处温度变化幅度却大不相同。变化幅度随深度的增大而减小，道路表面在一天内的最大温差可达到 25.3 ℃，而距路表32 cm处的温差却只有 2.6 ℃。由图还可以看出，8 月份整个结构层的最低温度大部分时间都超过 30 ℃，这将给沥青混合料的抗车辙性能带来严峻挑战。

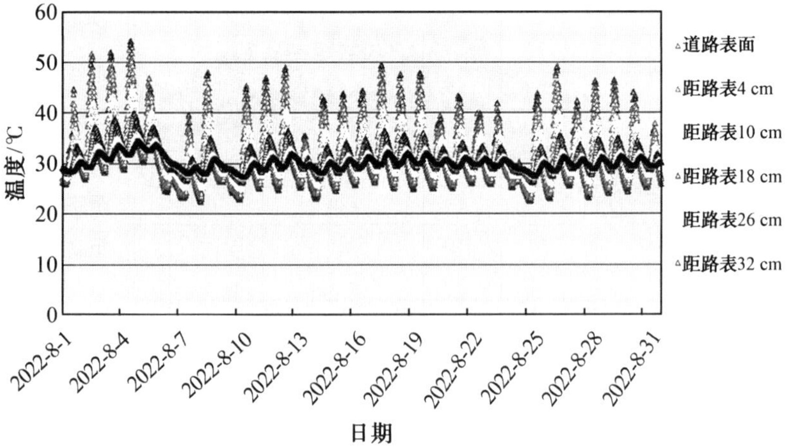

图 6-3　2022 年 8 月沥青路面温度场变化曲线

图 6-4 反映了夏季特征天一天内结构层温度的波动情况，由图可知，不同深度处结构层温度受环境因素的影响存在滞后性，表现为不同深度处最高温度出现的时刻不同，层位越深，最高温度出现的时刻越晚，温度波动幅度越小。

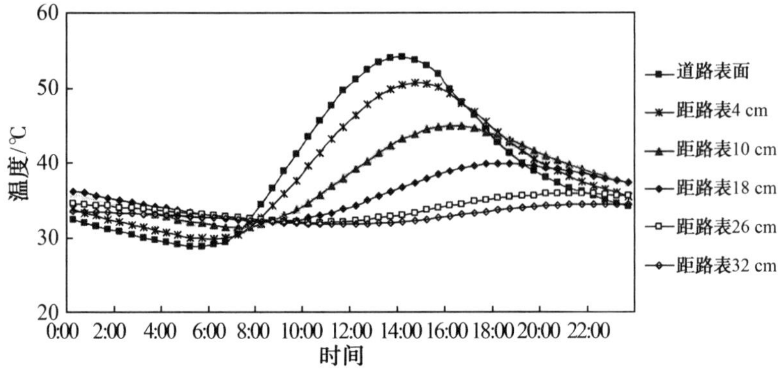

图 6-4　2022 年 8 月 4 日沥青路面温度场变化曲线

由图 6-4 可以看出，一天中路表最高温度出现在 14:00 左右，最低温度出现在上午 5:00 左右。上午 8:00 左右整个结构层的温度场达到平衡状态，之后距路表越近温度升高越快，到 18:00 左右温度场再次达到平衡。由此可见，在一天 24 h 中，8:00—18:00 和下午 18:00 至次日 8:00 两个时段内，整个结构层的温度场完全不同，在相同荷载作用下，结构层内部的应力状态差别较大。这一温度交替现象与太阳的运行规律是一致的。早上太阳升起后在太阳辐射作用下，道路表面温度升高，随着时间的推移，热量逐渐由表面向下传递；下午太阳落山后，外界环境温度降低，在热传导的作用下结构层内部的温度逐渐降低，而且越靠近道路表面热量散失越快。

6.1.2.2　冬季温度场分析

测试范围内沥青路面的最低温度出现在 2022 年 2 月 11 日 7:00，因此选择该日为冬季特征天并以此分析冬季的沥青路面温度场。该特征天最低温度出现时刻的道路表面温度为 −6.9 ℃，距路表 4 cm、10 cm、18 cm、26 cm 和 32 cm 结构层内的温度分别为 −5.6 ℃、−2.8 ℃、0.3 ℃、2.7 ℃和 3.6 ℃。特征月与特征天的沥青路面温度场变化曲线分别如图 6-5 和图 6-6 所示。

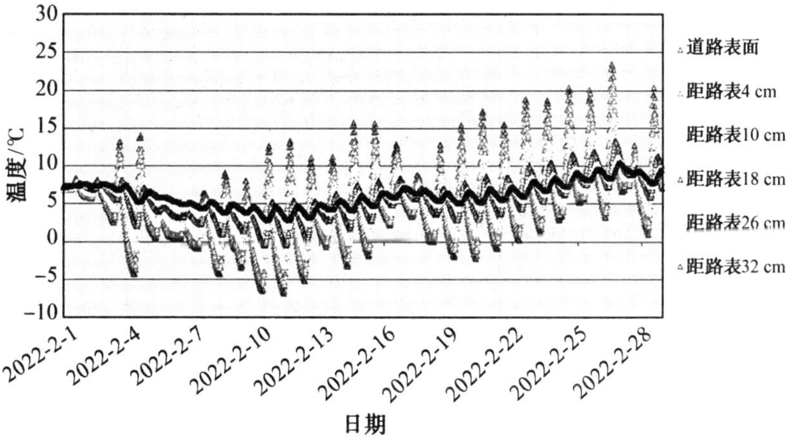

图 6-5　2022 年 2 月沥青路面温度场变化曲线

由图 6-5 可知，2 月份结构层内的温度整体处于比较低的水平，大部分时间都低于 10 ℃，道路表面最低温度为 −6.9 ℃，存在 16 天的最低温度均低于0 ℃的情况；多数时间昼夜温差较大，道路表面最大温差为 30.4 ℃，此时沥青面层底部的温差达到了 7.6 ℃。长期的低温状态和较大的昼夜温差将严重影响沥青混合料的低温性能和抗疲劳性能。

图 6-6 反映了冬季特征天一天内结构层温度的波动情况，一天中路表最高温度出现在 14:30 左右，最低温度出现在上午 7:00 左右。上午10:00左右整个结构层的温度场达到平衡状态，到 18:00 左右温度场再次达到平衡。与夏季结

构层温度场相比，冬季上午的温度场平衡点（第一平衡点）出现时间推迟了大约2 h，下午的平衡点（第二平衡点）出现时间基本不变，造成这一现象的主要原因是冬季比夏季日照时间短，太阳辐射弱。

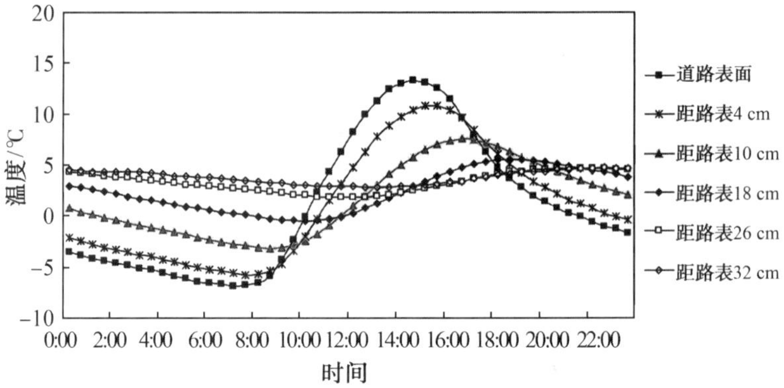

图 6-6　2022 年 2 月 11 日沥青路面温度场变化曲线

由上述分析可以总结出：

（1）沥青路面温度场总体呈现周期性变化趋势。沥青面层温度随季、月、日变化明显；基层温度随季节变化明显，但随日、月变化不大。

（2）沥青路面温度随深度变化而变化，深度越大温度波动幅度越小。沥青路面不同深度处温度受环境因素的影响存在滞后性，表现为不同深度处日最高温度出现的时刻不同，层位越深最高温度出现的时刻越晚。

（3）沥青路面温度场在一天内会出现两个平衡点（第一平衡点和第二平衡点），季节不同平衡点出现的时间会有区别：夏季第一平衡点出现时间比冬季早2 h左右，第二平衡点出现时间与冬季相当。

6.2　沥青路面轴载分布

由于沥青路面完全暴露于自然环境中，长期承受着车辆荷载的反复作用和外界自然环境的影响，因此，极易出现性能降低和损坏的情况。任何路面结构和材料的应用都要置于具体的交通和环境条件中考虑，因为路面性能的影响因素很多（见图 6-7）。随着公路网的形成，山东地区干线公路交通量增长迅速，货车比例高，且重载、超载严重，加上本地区夏季高温多雨的气候特点，给传统半刚性基层沥青路面结构性能带来严峻挑战。大量工程实践表明，原有的路面结构已不适应当前的交通和环境条件，需要在维修改造过程中基于实际交通和环境特点采用合理的路面结构组合。其中，轴载谱和路面温度场是交通和环境条件中影响路面结构性能最关键的两大参数。

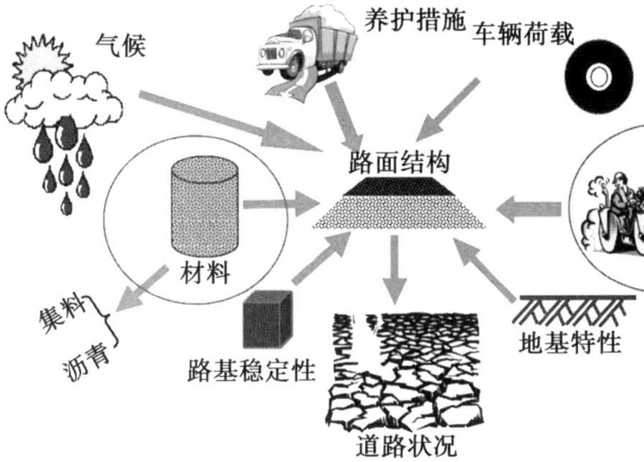

图 6-7　影响路面性能的因素

6.2.1　轴载谱的定义

交通荷载是沥青路面结构设计中最重要的参数之一。在传统的路面结构设计方法中，交通荷载是用当量轴载作用次数来表征的。当量轴载作用次数是以对路面结构造成相同的破坏为原则，依据等效原理，将道路实际承受的混合交通量换算成标准轴载的作用次数。然而，由于目前对路面结构的损坏机理认识不足，尤其是对路面使用性能的预测还不是很成熟，路面损坏类型不同，相应的设计指标就不同，轴载换算的基准也就不同，且路面结构破坏是多种因素耦合作用的结果，因此，当量轴载作用次数的换算会对路面结构设计造成较大的误差。目前常用的当量轴载作用次数换算公式是通过对有限的试验段数据进行分析得到的，而当量轴载作用次数的换算受路面失效形式、路面结构类型、结构层厚度、轴载类型、汽车行驶速度和路基湿度状况等诸多因素的影响，有限的试验段不可能全面地考虑这些因素，所以无法真实预估行车荷载对路面结构造成的损伤。

我国目前的路面设计方法将设计年限内的混合交通量换算为累计当量轴载作用次数,并没有考虑交通量的昼夜变化和季节性变化。实际上,交通量的昼夜变化和季节性变化对路面结构的破坏程度有很大的影响,因此了解交通量随时间的变化情况至关重要,包括随季节的变化情况和随昼夜的变化情况。结合路面温度的昼夜变化和季节性变化,可以更科学、合理地分析和预测路面结构的破坏情况,使路面结构设计更加真实地预测路面的使用性能。目前,在路面结构设计方法中,有两种交通荷载的描述方法:一种是用累积当量标准轴次描述,另一种是用车辆轴载谱和车辆组成描述。

轴载谱通过确定每类车型的各种轴载在不同轴重区间的分布比例描述交通荷载,在进行力学响应分析时,用实际的轴载进行分析,不再需要进行标准轴载的换算,每一个实际的轴载水平都参与路面结构的力学计算,这无疑比传统的使用当量轴载作用次数的方法能更加全面、精确地反映交通荷载特性,可以有效地避免当量轴载作用次数的换算可能带来的误差,同时也能较为全面地考虑不同时间、区间内交通轴载的变化。在沥青路面结构计算中用轴载谱取代当量轴载作用次数,可以有效地利用材料或结构损伤理论分析路面的损伤。

为了获取公路的实际交通荷载,不少国家在进行路面设计时都会采用动态称重系统获取的交通参数[61]。但是,考虑到设计荷载信息收集的复杂性和成本问题,为所有路面设计都提供完全详尽的信息是不现实的。为解决此问题,可以借鉴美国国家公路与运输协会(AASHTO)发布的力学-经验路面设计指南。在交通参数输入方面,该设计指南采用等级输入的方法,允许设计人员根据工程的重要性和可用的信息灵活地选择设计输入。该设计指南提供了三个等级的设计输入:第一等级,当工程相当重要(如高速公路或重载交通干线公路),需要最高的设计可靠度时,采用第一等级设计输入,此时交通量的获取必须采用在改建路面上或与新建路面交通条件类似的道路上进行实地交通量调查及实测车辆轴载来完成;第二等级,当缺乏详细的交通量资料时,或工程设计可靠度要求可以比第一等级稍微宽松一些时,可采用本地区平均的设计轴载谱;第三等级,当缺乏新建(或改建)道路实际的轴载谱资料,且本地区的轴载谱资料也不详时,可采用全国范围内的平均轴载谱资料,但此时的设计可靠度比第二等级设计输入低。

目前,我国高等级公路安装动态称重设备的路段极少,很难获得实际的交通荷载数据。但是，目前我国高速公路普遍实行计重收费，计重收费数据不但包含了车辆的类型和数量信息，而且还包括轴重、轴型及轮胎组成等方面的信息，可以满足路面结构设计的需要。

6.2.2 车辆类型分类方法

6.2.2.1 FHWA 车辆分类系统

美国联邦公路局（FHWA）推出的车辆分类系统如图 6-8 所示。该分类系统被美国推出的路面力学-经验设计方法（NCHRP1-37A/AASHTO 2002）采用。在该分类系统中，所有车辆被分为 13 种类型，由于 1、2、3 类车质量轻，对路面的破坏可以忽略不计，所以 AASHTO 2002 设计方法中只考虑从第 4 类到第 13 类的车辆，并将这些车辆统称为“卡车”。

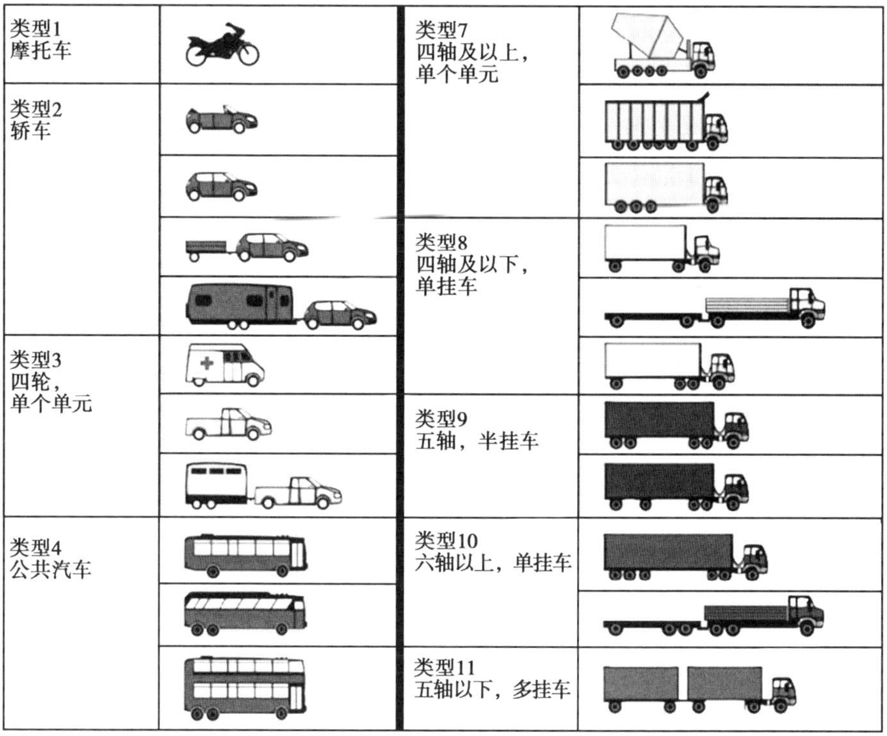

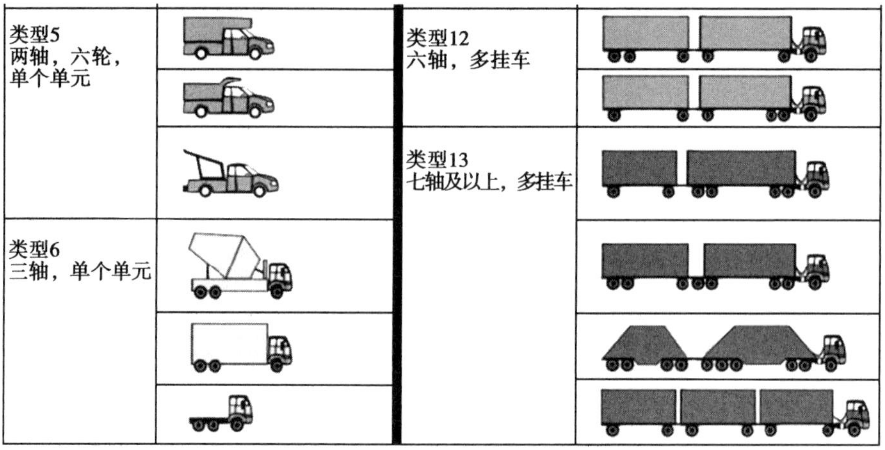

图 6-8　美国 FHWA 车辆分类系统

6.2.2.2　基于轴型和轴数的车辆分类法

在我国目前的工程实践中，通常将交通流中的车辆分成 6～7 种类型，典型的分类方法是分成小客车、大客车、小货车、中货车、大货车和集装箱车。但是这样的分类方法可能对交通组成的量度过于粗糙，因为这会将轴型和轴载相差很大的车型归入同一类型中。所以为了精确地描述交通荷载特性，有必要将车辆类型进行重新划分，以使荷载特性明显不同的车辆归入不同的类型。车辆分类越多，对交通组成特性的量度越精确。然而，车辆分类过多，会使数据的收集和分析过于烦琐，不利于工程实际应用。

国内一些研究机构建议将我国的车辆按轴型分成表 6-1 中的类型，表 6-2 为各轴型对应的示意图。

表 6-1　按轴型分类的车辆类别

类别	序号	轴型分布	代号
整车类	1	中型货车(载重 25～100 kN)	U1.1
	2	重型货车(载重>100 kN)	U1.1
			U1.2

续表

类别	序号	轴型分布	代号
半挂类	3	三轴半挂车	S1.1.1
	4	四轴半挂车	S1.1.2
	5	五轴半挂车	S1.2.2 S1.2.3
	6	≥六轴半挂车	≥S1.2.3

表 6-2　各轴型示意图

轴型分类及代号		轴型示意图
整车类	U1.1	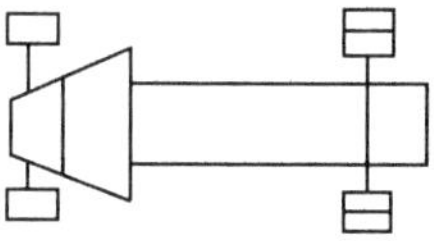
	U1.2	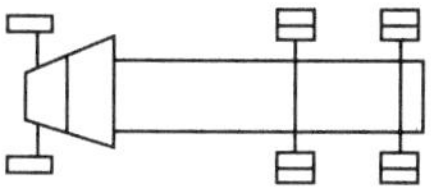
半挂类	S1.1.1	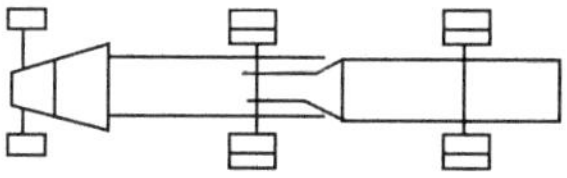
	S1.1.2	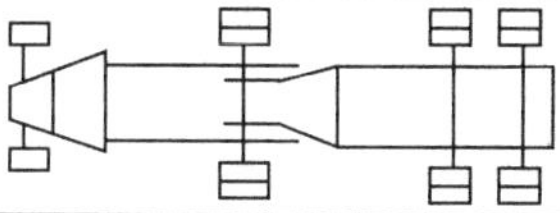
	S1.2.2	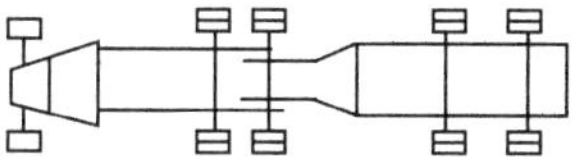
	S1.2.3	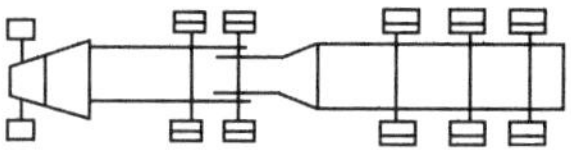

交通运输部等七部委在认定车辆超限超载标准时，将我国车辆按轴数分成以下 5 类：

(1)二轴车(见图 6-9)：其车货总重超过 20 t 或载重超过行驶证核定吨位的认定为超限超载。

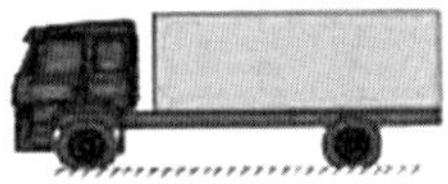

图 6-9　二轴车

(2)三轴车(见图 6-10):其车货总重超过 30 t 或载重超过行驶证核定吨位的认定为超限超载。

图 6-10　三轴车

(3)四轴车(见图 6-11):其车货总重超过 40 t 或载重超过行驶证核定吨位的认定为超限超载。

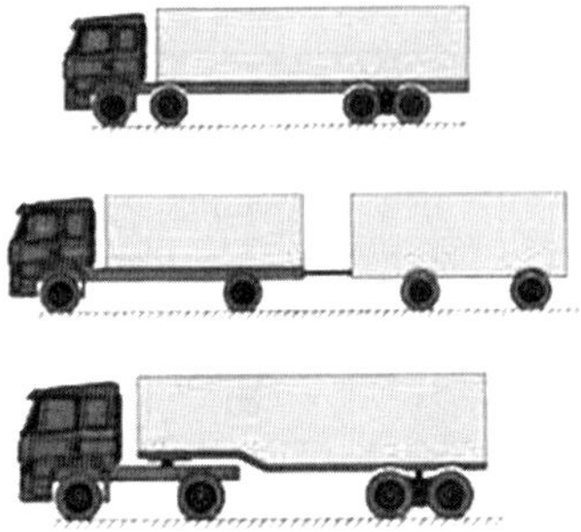

图 6-11　四轴车

(4)五轴车(见图 6-12):其车货总重超过 50 t 或载重超过行驶证核定吨位的认定为超限超载。

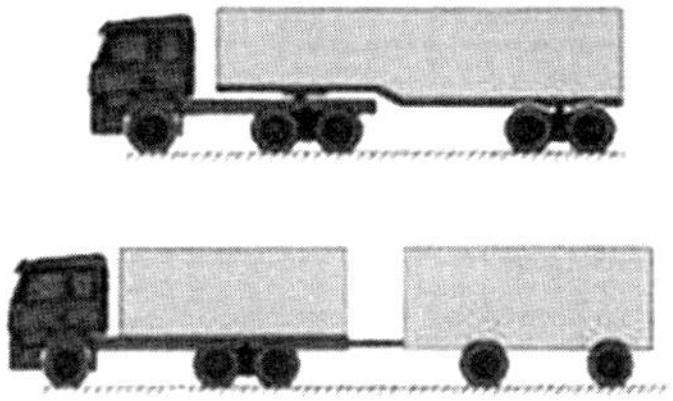

图 6-12　五轴车

(5)六轴车(见图 6-13)及六轴以上的车辆:其车货总重超过 55 t 或载重超过行驶证核定吨位的认定为超限超载。

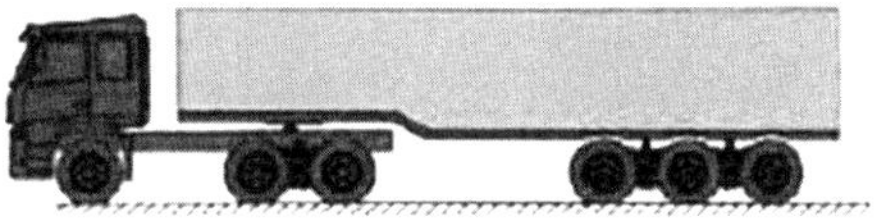

图 6-13　六轴车

我国的路面设计规范还提出了基于路面结构设计的车辆类型分类方法,该方法的特点是通过编号描述轴型和轴数,并通过轴型和轴数编号的组合描述车辆类型。这种车辆分类方法被大多数计重收费站数据库采用。轴型及对应编号图示如表 6-3 所示。

表 6-3　轴型及对应编号图示

编号	描述	示例
1	单轴单胎	
2	单轴双胎	
3	双联轴单胎	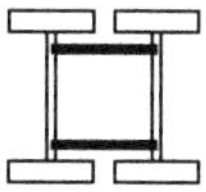

续表

编号	描述	示例
4	双联轴单、双胎	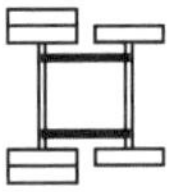
5	双联轴双胎	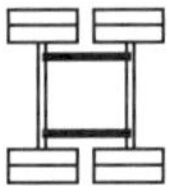
6	三联轴单胎	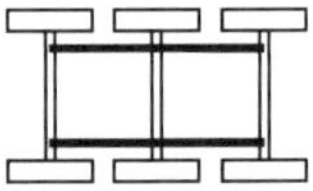
7	三联轴双胎	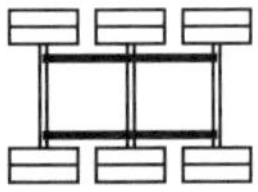

按轴型的组成及排列对车辆进行编号，即将车辆按照上述轴型进行描述，就可以确定该种车辆的轴型分布情况。例如：表 6-4 中的“12”车型代表的是该车由一个“1”型轴（单轴每侧单轮胎）和一个“2”型轴（单轴每侧双轮胎）组成；“157”车型则由一个“1”型轴（单轴每侧单轮胎）、一个“5”型轴（双联轴每侧双轮胎）和一个“7”型轴（三联轴每侧双轮胎）组成。该种编号方法可以精确地反映车辆的轴载组成特性。

表 6-4　车辆类型分类

编号	典型车型	示例
1	11	
2	112	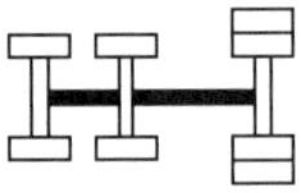
3	12	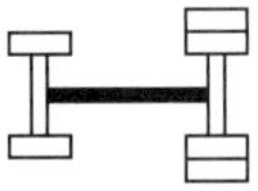

续表

编号	典型车型	示例
4	15	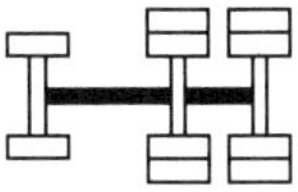
5	122	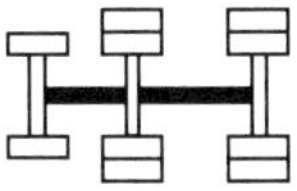
6	115	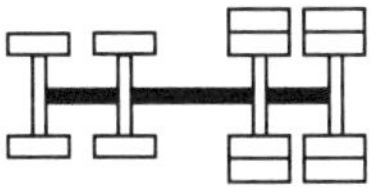
7	125	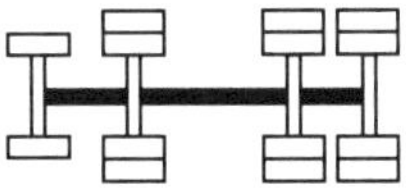
8	127	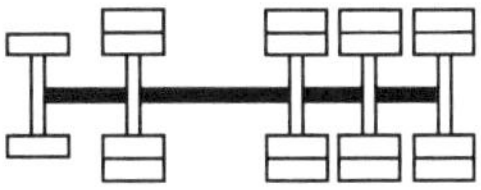
9	155	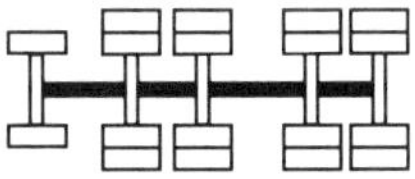
10	157	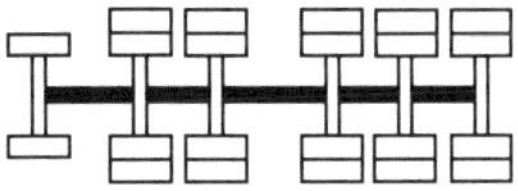

6.2.3　疏港高速公路交通组成特点

为了解日照地区交通荷载的组成特点，本书以同三高速鲁苏省界收费站轴载数据库为基础分析交通荷载的特征。同三高速公路出口收费站车辆组成情况如表 6-5 所示。其中占比较大的为 11、122、125、127 以及 157 车型，分别占交通总额的 27.09%、10.91%、18.3%、23.22%以及 19.39%。其中，不同车型组成和不同轴数车辆组成情况如图 6-14 所示。

表 6-5　日照同三高速出口收费站车辆组成情况

车型	数量/辆	百分比/%	车型	数量/辆	百分比/%
11	**290668**	**27.09**	155	8	0
12	943	0.09	117	148	0.01
112	243	0.02	116	1276	0.12
15	84	0.01	126	159	0.01
122	**117008**	**10.91**	1125	6	0
111	1282	0.12	1127	112	0.01
14	36	0	**157**	**207987**	**19.39**
13	488	0.05	147	19	0
121	3	0	156	26	0
125	**196310**	**18.3**	1126	54	0.01
115	264	0.02	16	123	0.01
124	8	0	1111	636	0.06
123	55	0.01	11111	871	0.08
114	66	0.01	1555	714	0.07
113	1400	0.13	136	319	0.03
141	1	0	133	112	0.01
127	**249107**	**23.22**	其余类型	2247	0.21

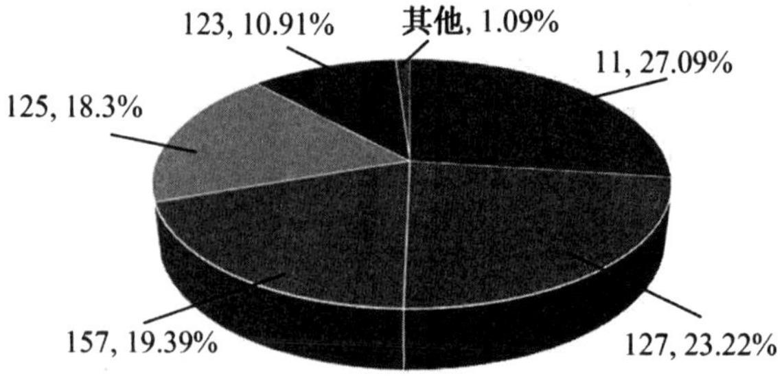

(a)不同车型组成情况

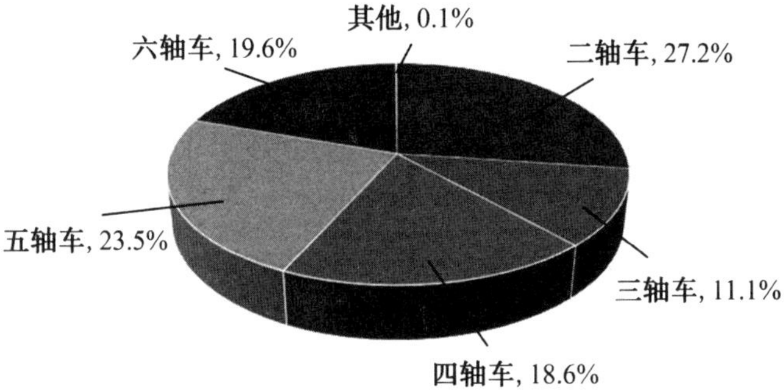

(b)不同轴数车辆组成情况

图 6-14　不同车型组成和不同轴数车辆组成情况

6.2.4　疏港高速公路轴载谱特征

按照轴型代号车辆分类方法，对日照疏港高速公路所有车辆的动态称重数据进行分析，可得到各车辆的轴载谱参数，包括车辆类型分布系数、卡车月调节系数、卡车小时分布系数、轴数系数和轴载分布系数等。

6.2.4.1　行车道卡车分布系数

卡车在行车道的分布系数描述了某个行车方向上该类型的卡车在行车道中所占的比例，可为路面结构力学分析提供交通及轴载参数。根据 AASHTO 2002 的调查结果，对于一个行车方向有两个行车道的公路，一般来说卡车在行车道的分布系数是 0.78。对疏港高速公路的采集数据分析得卡车在行车道的分布系数为 0.8。

由于路面温度会随时间发生变化，因此路面材料的性能也会随时间发生较大的变化，交通量随时间和温度变化的耦合将对路面的使用性能产生很大影响。如果在某个时间段，路面结构的整体强度因环境因素的影响而下降，而该时间段内交通量又较为集中，则路面结构在该时间段发生的破坏将远远大于其他时间段。所以，有必要了解交通量随时间的变化情况，即需要确定卡车的月分布和小时分布。这两个分布在路面力学-经验设计法中分别用卡车月调节系数和卡车小时分布系数来表示。

(1)卡车月调节系数。卡车月调节系数指卡车在某一特定月的交通量占年交通量的比例，如图 6-15 所示。由图可知，对全体交通车辆而言，交通量峰值出现在 9 月；而对具体车型车辆而言，各月份占比的变化趋势略有不同。

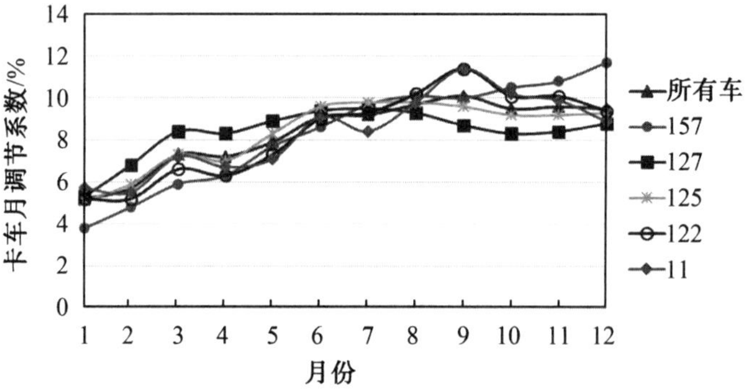

图 6-15　疏港高速公路卡车月调节系数

（2）卡车小时分布系数。卡车小时分布系数指卡车在每个小时内的交通量占年平均日交通量的比例。由疏港高速公路交通观测数据得出的卡车小时分布系数如图 6-16 所示。从图中数据可以看出，卡车的小时通过量最高峰主要分布在22:00—次日 2:00 之间，6:00—14:00之间卡车通过量较少。

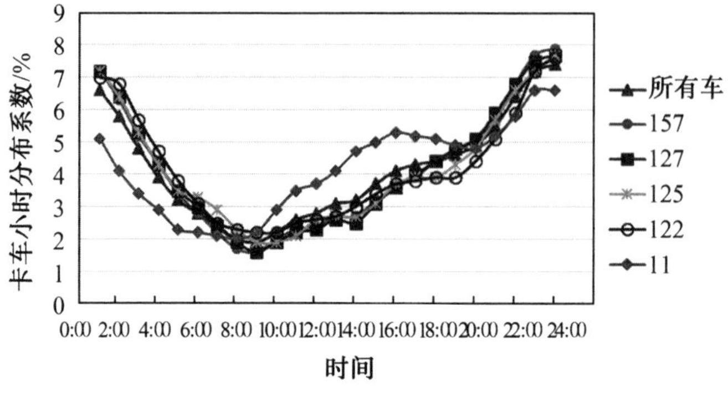

图 6-16　疏港高速公路卡车小时分布系数

6.2.4.2　轴载分布系数

轴载分布系数是指对一定的车型和轴载类型，轴重位于一定轴重区间的轴数在总轴数中所占的百分比。轴载分布系数是轴载谱参数的核心，它从整体上精确地描述轴载的分布。对每一种车型，本书分别确定了前轴（方向轴）、单轴、双联轴和三联轴的轴载分布系数；对不同的轴型，借鉴 AASHTO 2002 的设计方法，采用如下的轴重区间：前轴（方向轴）——0～16.5 t，每隔 0.5 t 划分一个区间；单轴——0～13 t，每隔 0.5 t 划分一个区间；双联轴——3～40 t，每隔 1 t 划分一个区间；三联轴——6～52 t，每隔 1.5 t 划分一个区间。

按照上述轴重区间，本书对每一种车辆类型分别确定了前轴（方向轴）、单轴、双联轴和三联轴的轴载分布系数。图 6-17～图 6-21 给出了主要车型 11、122、125、127、157 的轴载分布系数。

（1）车型 11 的轴载分布系数如图 6-17 所示。

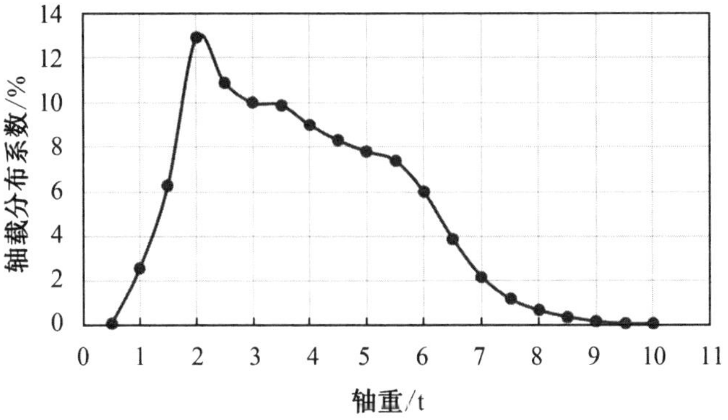

(a)前轴

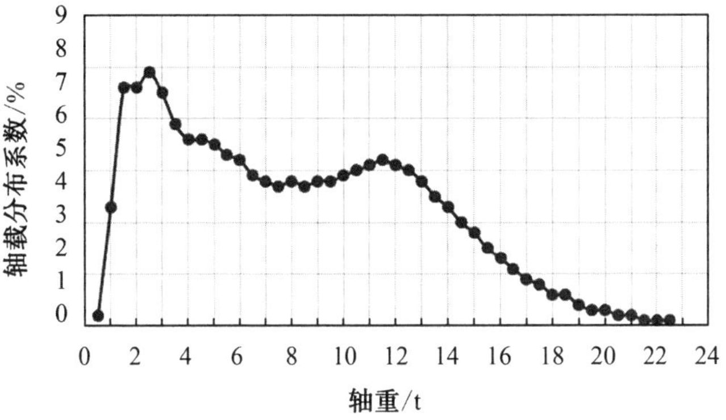

(b)后轴

图 6-17　车型 11 的轴载分布系数

(2)车型 122 的轴载分布系数如图 6-18 所示。

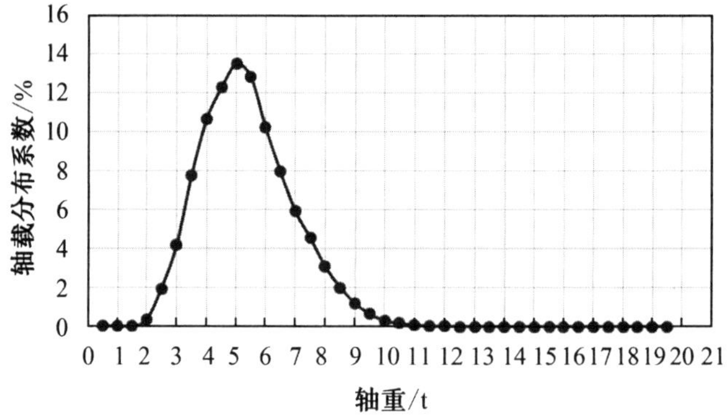

(a)前轴

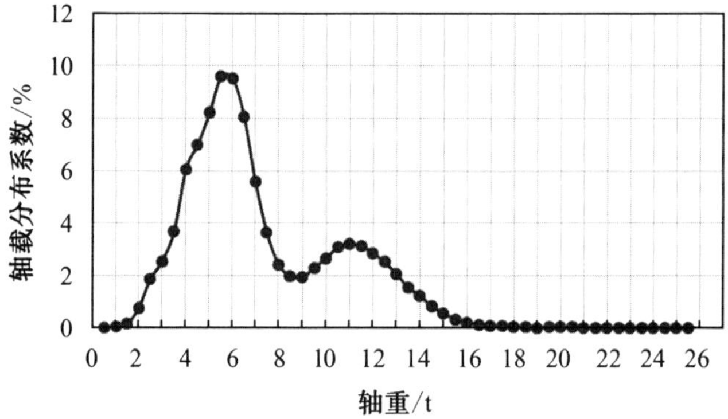

(b)单后轴 1

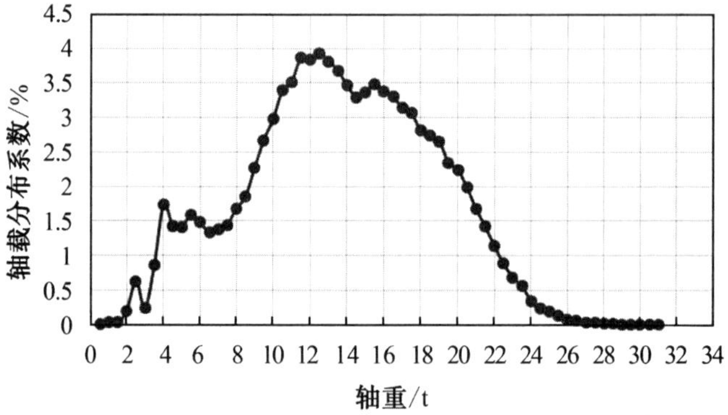

(c)单后轴 2

图 6-18　车型 122 的轴载分布系数

(3)车型 125 的轴载分布系数如图 6-19 所示。

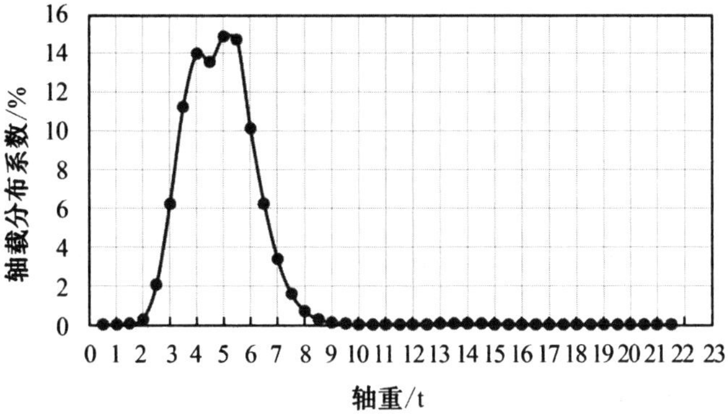

(a)前轴

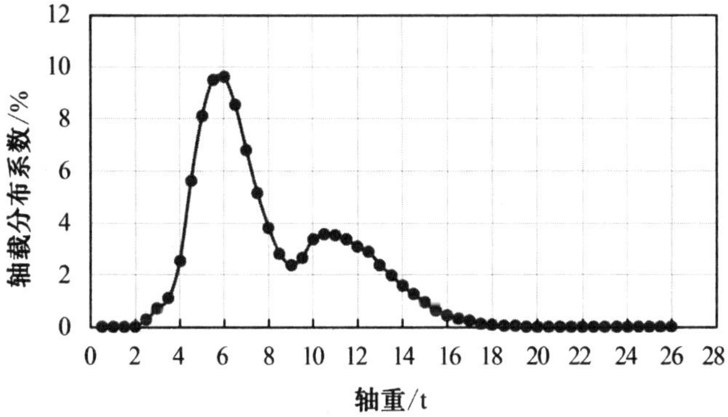

(b)单后轴

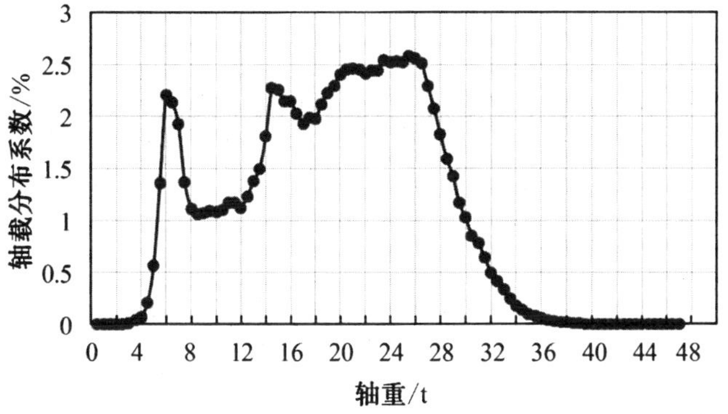

(c)双联轴

图 6-19　车型 125 的轴载分布系数

(4)车型 127 的轴载分布系数如图 6-20 所示。

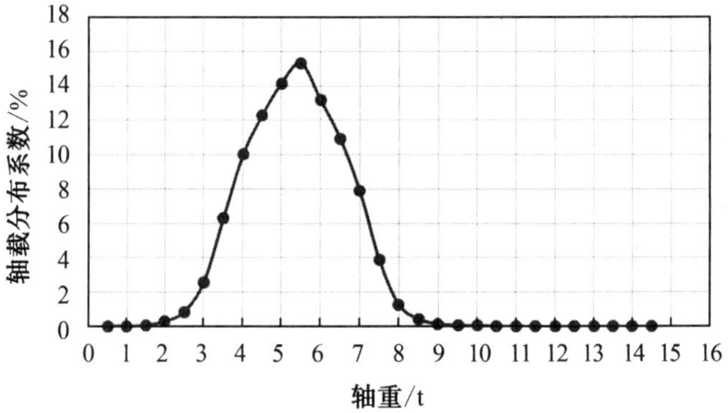

(a)前轴

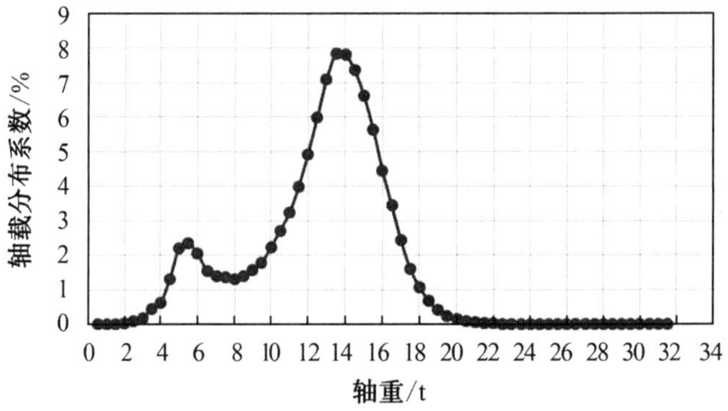

(b)单后轴

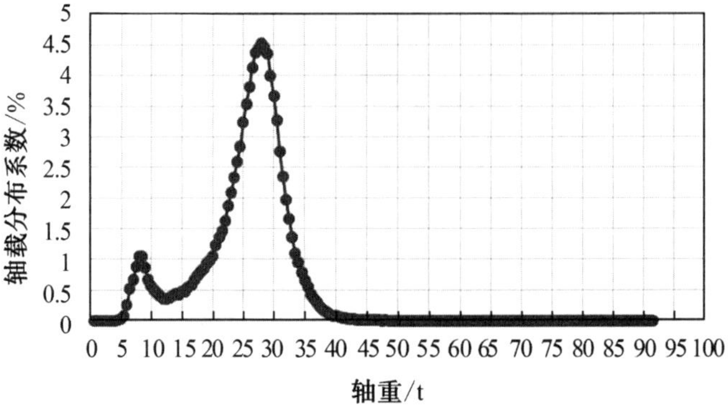

(c)三联轴

图 6-20 车型 127 的轴载分布系数

(5)车型 157 的轴载分布系数如图 6-21 所示。

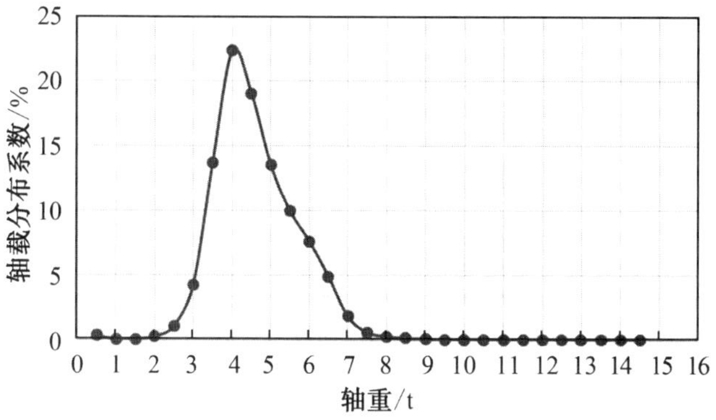

(a)前轴

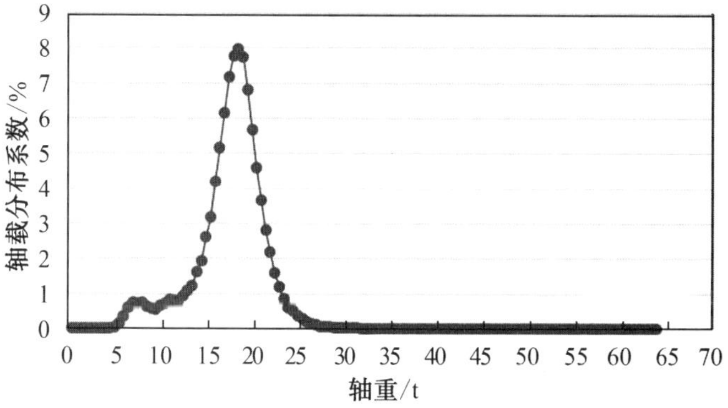

(b)双联轴

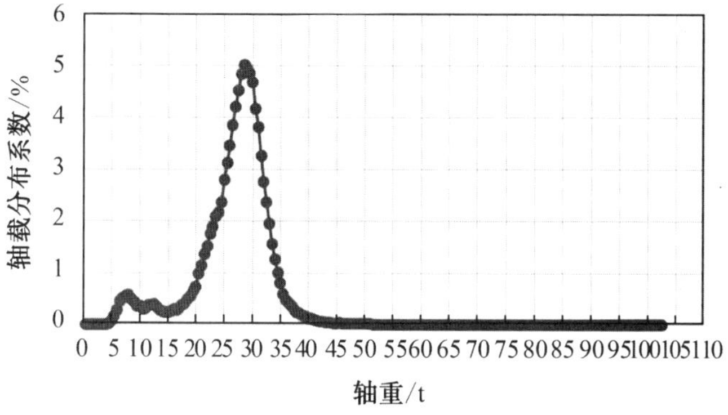

(c)三联轴

图 6-21　车型 157 的轴载分布系数

不同轴载对路面产生的破坏作用不同，轴载分布系数给出了不同质量区间的轴载分布情况，这样就可以按累积损伤的方法精确计算混合交通对路面的破坏作用，从而避免当量轴载作用次数换算引起的误差。

为了直观起见，将每辆车的轴载分布系数转换为当量标准轴次，主要车型单辆车轴重最大值、95%累计轴载和平均当量标准轴次如表 6-6 所示。

表 6-6 主要车型当量标准轴次相关数据

车辆类型	轴型	轴重最大值/t	95%累计轴载/t	平均当量标准轴次/(ESALs/轴)	平均每辆车 100 kN 当量标准轴次/(ESALs/辆)
11	前轴	15	6.5	0.28	12.52
	单后轴	27.5	16.5	12.24	
122	前轴	19	7.9	0.73	9.29
	单后轴 1	25.5	13.1	0.78	
	单后轴 2	31	21	7.78	
125	前轴	21.5	6.8	0.58	5.39
	单后轴	26	13.7	1.01	
	双联轴	47	29.7	3.8	
127	前轴	14.5	7.15	0.6	6.97
	单后轴	31.5	16.8	4.02	
	三联轴	91.5	33.7	2.35	
157	前轴	14.5	6.3	0.32	5.32
	双联轴	64	22.5	1.83	
	三联轴	102.5	34.5	3.17	

6.3 耐久型厂拌热再生沥青路面典型结构转换

为了提高重交通条件下厂拌热再生沥青路面的使用寿命，本节进行典型结构的转换设计，具体内容如下。

6.3.1　结构拟定

6.3.1.1　转换结构

采用 4 cm SMA-13＋11 cm AC-25＋18 cm 水泥稳定碎石基层＋16 cm 老路水泥稳定碎石基层＋16 cm 老路水泥稳定风化砂＋老路路基。

6.3.1.2　常规结构

采用 4 cm SMA-13＋5 cm AC-20＋6 cm AC-25＋18 cm 水泥稳定碎石基层＋16 cm 老路水泥稳定碎石基层＋16 cm 老路水泥稳定风化砂＋老路路基。

6.3.2　材料模量

本书利用 BISAR 软件进行力学计算，参考《公路沥青路面设计规范》(JTG D50—2017)，各结构层模量参数取值如表 6-7 所示。

表 6-7　各结构层模量参数取值

输入参数	符号	数值	
SMA 沥青层模量/MPa	E_1	1800(拉应力)	1400(弯沉)
AC-25 沥青层模量/MPa	E_2	1200(拉应力)	1000(弯沉)
水泥稳定碎石基层模量/MPa	E_3	3800(拉应力)	1600(弯沉)
老路水泥稳定碎石基层模量/MPa	E_4	3200(拉应力)	1400(弯沉)
老路水泥稳定风化砂模量/MPa	E_5	3100(拉应力)	1200(弯沉)
老路基模量/MPa	E_0	70	
沥青层泊松比	μ_1	0.30	
基层泊松比	μ_2	0.35	
路面基础泊松比	μ_0	0.4	

6.3.3　荷载参数

按照《公路沥青路面设计规范》(JTG D50—2017)，荷载计算参数为单轴双轮组标准荷载，具体取值如表 6-8 所示。

表 6-8　荷载参数

轴重（P）/kN	接地压力（p）/MPa	荷载半径（R）/cm	按比利时公式计算的荷载圆半径/cm
100	0.7	10.66	10.59

6.3.4　计算内容

（1）转换结构各层间接触状态为：SMA-13 与 AC-25 结构层为半连续接触，AC-25 结构层与水泥稳定碎石基层为光滑接触，老路水泥稳定风化砂与老路路基为连续接触，其他各层之间均为光滑接触。

（2）常规结构各层间接触状态为：SMA-13 与 AC-25 结构层为半连续接触，AC-20 中面层与 AC-25 下面层之间为半连续接触，老路水泥稳定风化砂与老路路基为连续接触，其他各层之间均为光滑接触。

轮底、两轮中间、顶面弯沉、沥青层层底拉应变、半刚性基层层底拉应力、路面荷载及计算点图示如图 6-22 所示，各计算点坐标及对应的位置如表 6-9 所示。

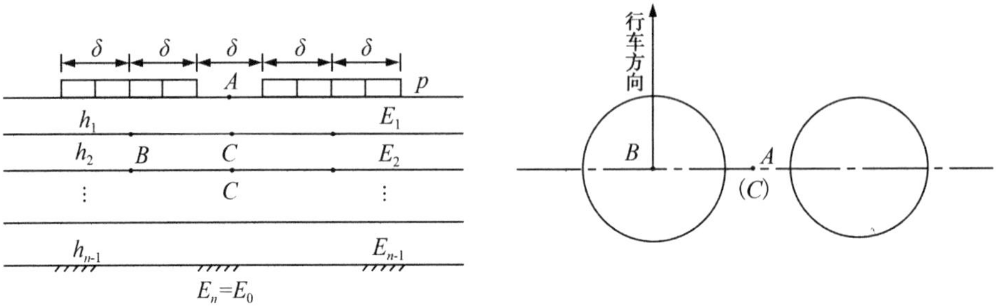

$h_1,h_2,\cdots,h_{n-1}$—各结构层的厚度，cm；E_0—路基顶面回弹模量，MPa；

$E_1,E_2,\cdots,E_{n-1}$—各结构层材料回弹模量，MPa；A、B、C—计算点；

δ—标准车轴载当量圆半径，cm。

图 6-22　路面荷载及计算点受力图示

表 6-9　各计算点坐标及对应的位置

转换结构		
计算点编码	坐标	对应的位置
B_0	(0,−0.1599,0)	轮底
B_1	(0,−0.1599,0.04)	轮胎正下方的 SMA-13 上面层层底
B_2	(0,−0.1599,0.15)	轮胎正下方的 AC-25 下面层层底
B_3	(0,−0.1599,0.33)	轮胎正下方的新水泥稳定碎石结构层层底
B_4	(0,−0.1599,0.49)	轮胎正下方的老路水泥稳定碎石结构层层底
B_5	(0,−0.1599,0.65)	轮胎正下方的老路水泥稳定风化砂结构层层底
A	(0,0,0)	轮间
C_1	(0,0,0.04)	轮间正下方的 SMA-13 上面层层底
C_2	(0,0,0.15)	轮间正下方的 AC-25 下面层层底
C_3	(0,0,0.33)	轮间正下方的新水泥稳定碎石结构层层底
C_4	(0,0,0.49)	轮间正下方的老路水泥稳定碎石结构层层底
C_5	(0,0,0.65)	轮间正下方的老路水泥稳定风化砂结构层层底
常规结构		
计算点编码	坐标	对应的位置
B_0	(0,−0.1599,0)	轮底
B_1	(0,−0.1599,0.04)	轮胎正下方的 SMA-13 上面层层底
B_2	(0,−0.1599,0.09)	轮胎正下方的第一层 AC-25 中面层层底
B_3	(0,−0.1599,0.15)	轮胎正下方的第二层 AC-25 下面层层底
B_4	(0,−0.1599,0.33)	轮胎正下方的新水泥稳定碎石结构层层底
B_5	(0,−0.1599,0.49)	轮胎正下方的老路水泥稳定碎石结构层层底
B_6	(0,−0.1599,0.65)	轮胎正下方的老路水泥稳定风化砂结构层层底
A	(0,0,0)	轮间
C_1	(0,0,0.04)	轮间正下方的 SMA-13 上面层层底

续表

转换结构		
计算点编码	坐标	对应的位置
C_2	(0,0,0.09)	轮间正下方的第一层 AC-25 中面层层底
C_3	(0,0,0.15)	轮间正下方的第二层 AC-25 下面层层底
C_4	(0,0,0.33)	轮间正下方的新水泥稳定碎石结构层层底
C_5	(0,0,0.49)	轮间正下方的老路水泥稳定碎石结构层层底
C_6	(0,0,0.65)	轮间正下方的老路水泥稳定风化砂结构层层底

6.3.5 结果分析

(1)BISAR 3.0 的参数输入及输出界面如图 6-23 所示，常规结构与转换结构的应力、应变、弯沉计算结果如表 6-10 和表 6-11 所示。

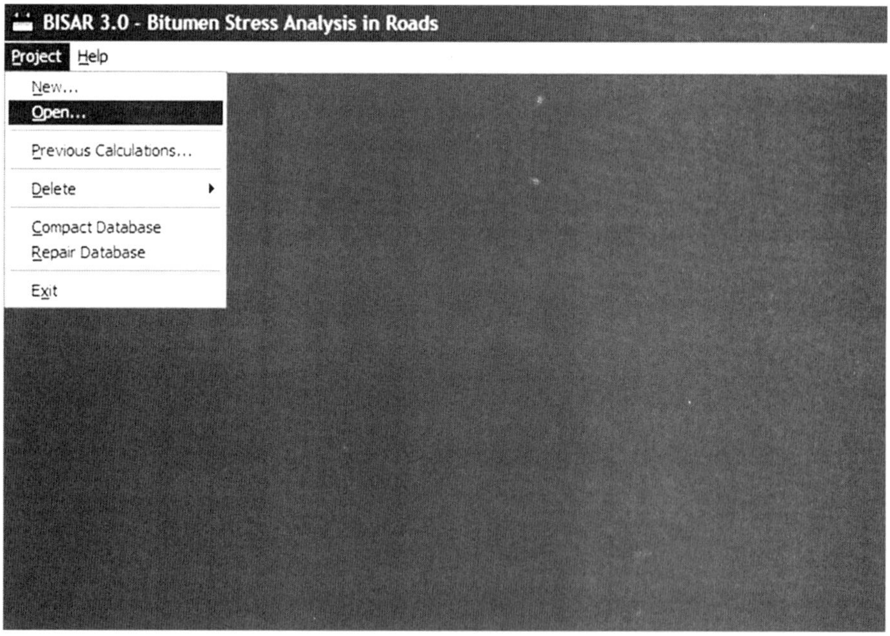

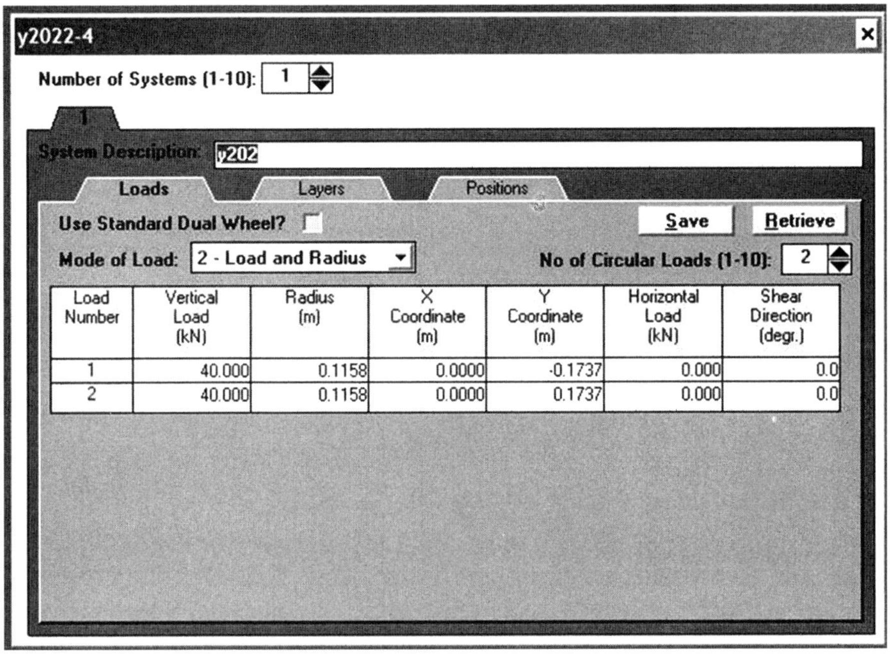

Load Number	Vertical Load (kN)	Radius (m)	X Coordinate (m)	Y Coordinate (m)	Horizontal Load (kN)	Shear Direction (degr.)
1	40.000	0.1158	0.0000	-0.1737	0.000	0.0
2	40.000	0.1158	0.0000	0.1737	0.000	0.0

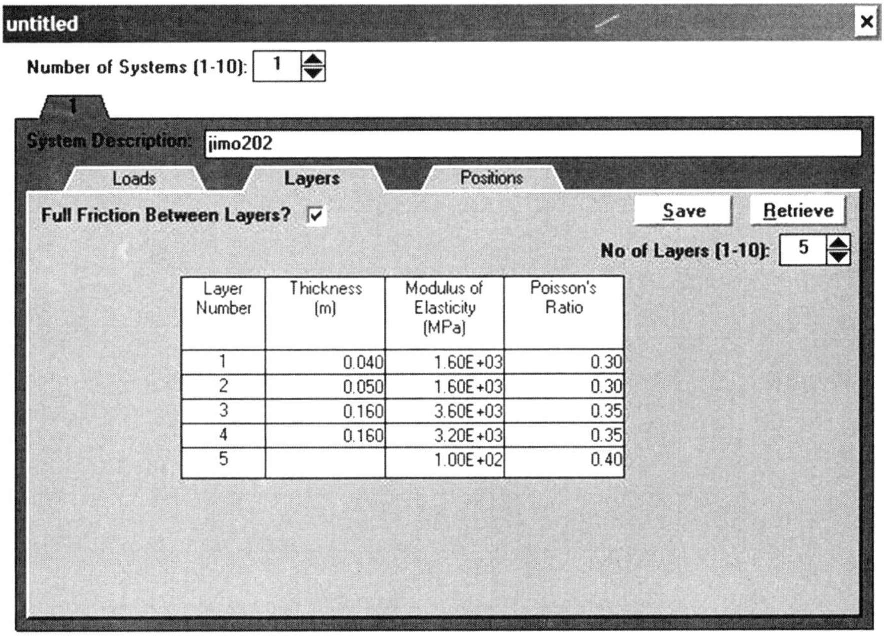

Layer Number	Thickness (m)	Modulus of Elasticity (MPa)	Poisson's Ratio
1	0.040	1.60E+03	0.30
2	0.050	1.60E+03	0.30
3	0.160	3.60E+03	0.35
4	0.160	3.20E+03	0.35
5		1.00E+02	0.40

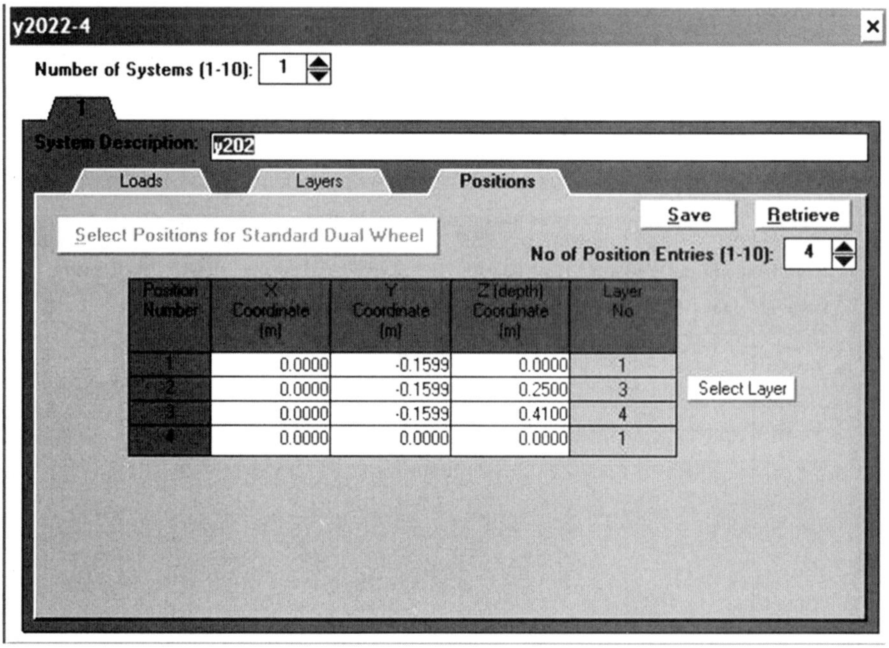

图 6-23 BISAR3.0 参数输入及输出界面

表 6-10 应力、应变计算结果汇总

结构类型	计算点编码	应力/Pa	应变/m
转换结构	B_1	1.98×10^5	1.93×10^{-4}
	B_2	1.79×10^5	2.27×10^{-4}
	B_3	5.03×10^5	9.17×10^{-5}
	B_4	3.29×10^5	6.90×10^{-5}
	B_5	2.88×10^5	5.80×10^{-5}
	C_1	-4.94×10^5	-2.86×10^{-4}
	C_2	-7.24×10^4	-6.49×10^{-5}
	C_3	-4.62×10^5	7.67×10^{-5}
	C_4	3.55×10^5	7.42×10^{-5}
	C_5	3.24×10^5	6.65×10^{-5}

续表

结构类型	计算点编码	应力/Pa	应变/m
常规结构	B_1	2.74×10^5	2.21×10^{-4}
	B_2	1.61×10^5	2.61×10^{-4}
	B_3	9.58×10^4	2.11×10^{-4}
	B_4	5.33×10^5	9.81×10^{-5}
	B_5	3.40×10^5	7.14×10^{-5}
	B_6	2.96×10^5	5.94×10^{-5}
	C_1	-5.50×10^5	-3.16×10^{-4}
	C_2	-2.90×10^5	-2.45×10^{-4}
	C_3	-1.16×10^5	-9.81×10^{-5}
	C_4	4.58×10^5	7.36×10^{-5}
	C_5	3.61×10^5	7.48×10^{-5}
	C_6	3.31×10^5	6.77×10^{-5}

表 6-11　弯沉计算结果汇总

结构类型	计算点编码	弯沉/m	计算点编码	弯沉/m
转换结构	B_0	6.55×10^{-4}	A	5.94×10^{-4}
常规结构	B_0	6.77×10^{-4}	A	6.01×10^{-4}

(2)常规结构与转换结构应力及弯沉对比分别如图 6-24、图 6-25 所示。

对比图 6-25(a)中的转换结构与常规结构各层层底拉应力发现，转换结构中的 SMA-13 结构层层底拉应力小于常规结构产生的层底拉应力；转换结构中的 AC-25 结构层层底拉应力大于常规结构产生的层底拉应力；转换结构中的半刚性基层层底拉应力小于常规结构产生的层底拉应力。由图 6-25(b)可知，相同荷载下转换结构的表面弯沉小于常规结构的表面弯沉。

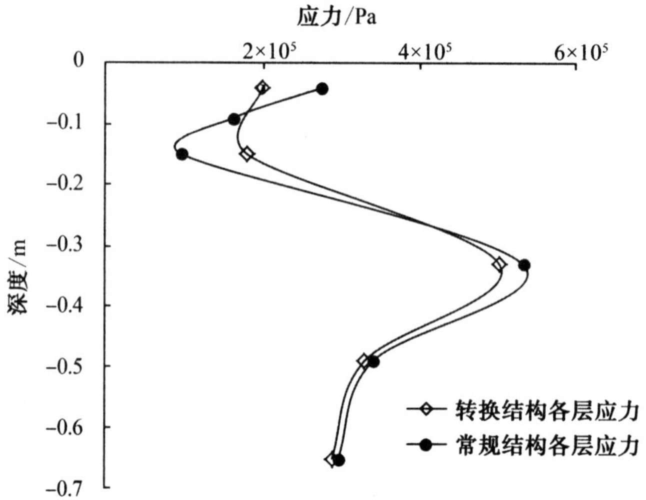

(a)两种不同结构各层应力比较

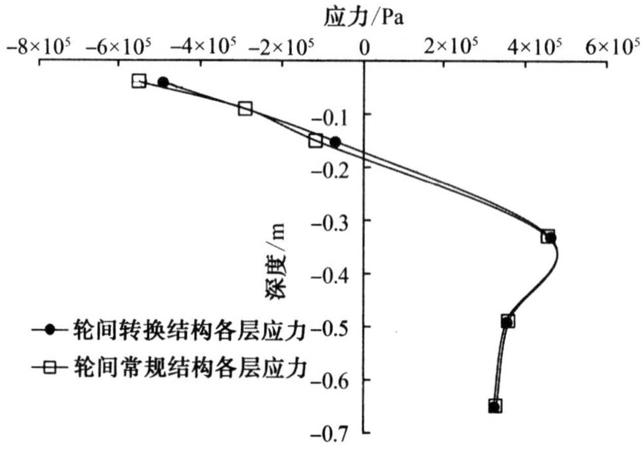

(b)轮间不同结构各层应力比较

图 6-24 两种结构各层应力比较

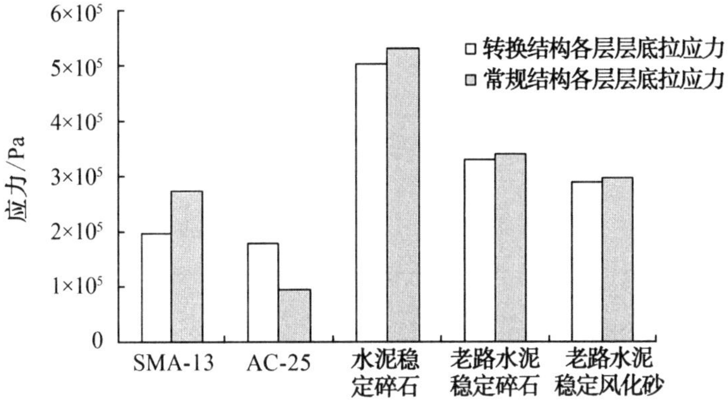

(a)不同路面结构层层底拉应力比较

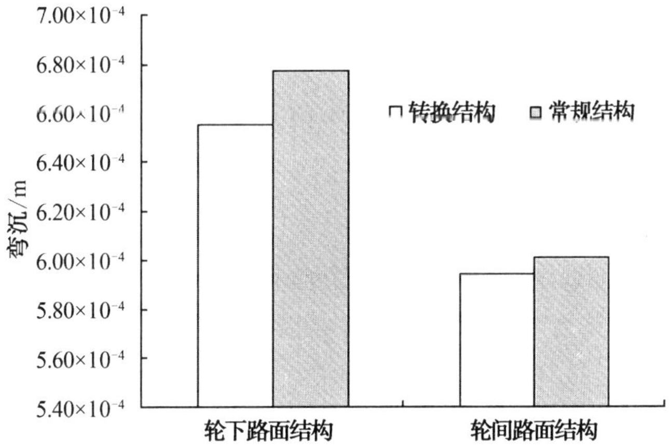

(b)不同路面结构表面弯沉情况

图 6-25　两种路面结构层层底拉应力和弯沉比较

施工层厚度与温降特性的关系如图 6-26 所示。

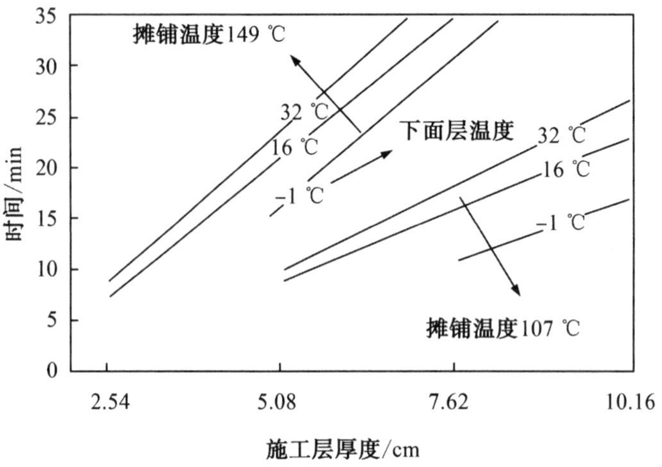

图 6-26　施工层厚度与温降特性的关系

通过以上分析可以看出，转换结构较常规结构有如下优点：

(1)减少了层间连接概率，对沥青层层底、半刚性基层层底受力有利。

(2)减小了温度下降速率。

本章小结

通过研究，本章主要成果如下：

(1)建立了日照地区再生沥青路面温度场和轴载谱。

(2)提出了耐久型厂拌热再生沥青路面典型转换结构：4 cm SMA-13＋11 cm AC-25＋18 cm 水泥稳定碎石基层＋16 cm 老路水泥稳定碎石基层＋16 cm老路水泥稳定风化砂＋老路路基。

第7章　经济及环境效益分析

7.1　经济效益分析

7.1.1　热拌沥青混合料材料成本

7.1.1.1　AC-25 沥青混合料单价

(1)沥青费用:AC-25 沥青混合料的沥青含量范围为 4.0%～4.3%,本书所使用的沥青含量暂按 4.1%计算。若沥青结合料为 70 号道路石油沥青(价格为 3000 元/t),则生产 1 t AC-25 沥青混合料所需沥青费用为 4.1%×3100＝127.1(元)。

(2)集料费用:本书所使用的集料为石灰岩集料(价格为 90 元/t),则生产1 t AC-25 沥青混合料所需集料(含量为 95.7 %)费用为 95.7%×90≈86.1(元)。

(3)加热费用:若生产 1 t AC-25 沥青混合料需要耗费燃油约 6 kg,燃油价格为 8000 元/t,则加热费用为 6.0×(8000/1000)＝48(元)。

综上可知,生产 1 t AC-25 沥青混合料的成本为 127.1＋86.1＋48＝261.2(元)。

7.1.1.2　AC-20 沥青混合料单价

(1)沥青费用:AC-20 沥青混合料的沥青含量范围为 4.3%～4.6%,本书所使用的沥青含量暂按 4.4%计算。若沥青结合料为 SBS 改性沥青(价格为 4200 元/t),则生产 1 t AC-20 沥青混合料所需沥青费用为 4.4%×4200＝184.8(元)。

(2)集料费用:本书所使用的集料为石灰岩集料,目前生产 1 t AC-20 沥青混合料所需集料(含量为 95.4%)费用为 95.4%×90≈85.9(元)。

(3)加热费用:若生产 1 t AC-20 沥青混合料需要耗费燃油约 7.0 kg,燃油价格为8000 元/t,则加热费用为 7.0×(8000/1000)=56(元)。

综上可知,生产 1 t AC-20 沥青混合料的成本为 184.8+85.9+56=326.7(元)。

7.1.2 热再生沥青混合料材料成本

7.1.2.1 热再生 AC-25 沥青混合料单价

(1)RAP 回收增加的费用:对老路面铣刨材料,热再生技术要求额外增加铣刨工序,若运输费用按每 20 km 约 35 元/m^3,每立方米按 1.5 t 沥青混合料计算,则生产 1 t AC-25 沥青混合料的 RAP 回收运输费用为 23 元/t。若 RAP 储存及保管费用另加 2 元/t,则 RAP(含量为 20%)回收增加费用为(23+2)×20%=5(元/t)。

(2)热再生沥青混合料生产过程中,需要提高新骨料的温度(一般提高 25 ℃左右)。若生产 1 t AC-25 沥青混合料需要耗费燃油 7.5 kg,燃油价格为 8000 元/t,则加热费用为 7.5×(8000/1000)=60(元)。

(3)沥青费用:本书所使用的沥青含量暂按 3.2%计算。若沥青结合料为 70 号道路石油沥青,则生产 1 t AC-25 沥青混合料所需沥青费用为 3.2%×3100=99.2(元)。

(4)集料费用:本书所使用的新集料为石灰岩集料,则生产 1 t AC-25 沥青混合料所需新集料(集料含量为 95.7%,其中 20%不增加费用)费用为(95.7%−20%)×90≈68.1(元)。

综上可知,生产 1 t AC-25 沥青混合料的成本为 5+60+99.2+68.1=232.3(元)。

7.1.2.2 热再生 AC-20 沥青混合料单价

(1)RAP 回收增加的费用:同 7.1.2.1 中(1)的计算结果。

(2)热再生沥青混合料生产过程中,需要提高新骨料的温度(一般提高 25 ℃左右)。若生产 1 t AC-20 沥青混合料需要耗费燃油 8.0 kg,燃油价格为 8000 元/t,则加热费用为 8.0×(8000/1000)=64(元)。

(3)沥青费用:本书所使用的沥青含量暂按 3.5%计算。若沥青结合料为

SBS改性沥青，则生产1 t AC-20沥青混合料所需沥青费用为3.5%×4200＝147(元)。

(4)集料费用：本书所使用的新集料为石灰岩集料，则生产1 t AC-20沥青混合料所需新集料(集料含量为95.4%，其中20%不增加费用)费用为(95.4%－20%)×90≈67.9(元)。

综上可知，生产1 t AC-20沥青混合料的成本为5＋64＋147＋67.9＝283.9(元)。

生产1 t热拌沥青混合料和热再生沥青混合料的材料成本对比如表7-1所示。

表7-1　两种沥青混合料的材料成本对比

沥青混合料种类	每吨混合料的材料成本/元	
	AC-25型	AC-20型
热拌沥青混合料	261.2	326.7
热再生沥青混合料	232.3	283.9
热再生混合料节约成本	28.9	42.8

7.2　环境效益分析

厂拌热再生沥青路面的养护方法与传统的铣刨重铺法施工工序基本一致，主要有旧路面铣刨，原材料生产与运输，混合料的拌和、运输、摊铺、碾压等工序。下面以RAP和拌和后的沥青混合料沥青含量为4.0%，RAP掺量分别取0%、10%、30%、50%为例，分别计算铣刨重铺与厂拌热再生沥青路面各施工工序的能耗与温室气体排放量。

7.2.1　旧沥青路面铣刨

旧沥青路面铣刨是通过铣刨机对老沥青路面进行铣刨，作业时不同的铣刨深度和速度铣刨能耗和温室气体排放量有明显差异。单位质量旧沥青路面铣刨能耗与温室气体排放量如表7-2所示。其中，常见的铣刨机平均油耗为

120 L/h，柴油的密度为 0.84 kg/L，柴油的热值为 42.652 MJ/kg，平均温室气体排放量为3.16 kg/t。

表 7-2 旧沥青路面铣刨能耗与温室气体排放量

铣刨速度/(m/min)	铣刨深度/cm	能耗/(MJ/t)	温室气体排放量/(kg/t)
8	4	49.26	3.57
6	5	44.33	3.20
4	6	39.39	2.83

7.2.2 原材料生产

沥青路面养护作业所需的原材料主要包括沥青(基质沥青或改性沥青)、集料和外加剂。考虑到在沥青混合料生产过程中，各类外加剂用量相对较少，故不计其能耗与温室气体排放量。根据欧洲沥青协会的沥青生命周期清单分析结果和国内生命周期评价(LCA)集料基础数据[62]，沥青与集料生产能耗与温室气体排放量如表 7-3 所示。以改性沥青和集料为原材料时，在不同的 RAP 掺量下，铣刨重铺与厂拌热再生沥青混合料生产的能耗与温室气体排放量如表 7-4所示。

表 7-3 沥青与集料生产能耗与温室气体排放量

原材料	能耗/(MJ/t)	温室气体排放量/(kg/t)
基质沥青	2830.76	189.12
改性沥青	5412.22	323.04
集料	31.99	2.38×10^{-3}

表 7-4 铣刨重铺与厂拌热再生沥青混合料生产的能耗与温室气体排放量

RAP 掺量/%	能耗/(MJ/t)	温室气体排放量/(kg/t)
0	247.20	12.92
10	222.48	11.63

续表

RAP掺量/%	能耗/(MJ/t)	温室气体排放量/(kg/t)
30	173.04	9.05
50	123.60	6.46

7.2.3 运输

沥青路面施工需要运输的材料主要有RAP、原材料以及拌和后的沥青混合料三种。其中,RAP和拌和后的沥青混合料运距一般为30～50 km,原材料运距一般为40～80 km。若全场采用30 t重型汽车进行运输,单位质量运距能耗为0.804 MJ/(t·km),温室气体排放量为0.075 MJ/(t·km),RAP和拌和后的沥青混合料运距取40 km,原材料运距取60 km,在不同的RAP掺量下,铣刨重铺与厂拌热再生沥青混合料运输过程中的能耗与温室气体排放量计算结果如表7-5所示。

表7-5 铣刨重铺与厂拌热再生沥青混合料运输能耗与温室气体排放量

RAP掺量/%	能耗/(MJ/t)	温室气体排放量/(kg/t)
0	176.88	16.5
10	167.23	15.6
30	165.63	13.8
50	164.02	12.0

7.2.4 拌和

厂拌热再生沥青混合料拌和设备在常规沥青混合料拌和设备的基础上,加入了第二烘干筒装置,以便于RAP的烘干和加热。根据现场测算,第二烘干筒的平均油耗约为6.5 kg/t,常规沥青混合料拌和主烘干筒的平均油耗为6.82 kg/t,厂拌热再生沥青混合料拌和主烘干筒的平均油耗为7.82 kg/t,拌和过程中的平均温室气体排放量约为27.81 kg/t。其中,集料含水率小于2%,加热温度为165～195 ℃;RAP含水率为3%～5%,加热温度为90～130 ℃;沥青加热温度为 155～165 ℃。在不同的 RAP 掺量下，铣刨重铺与厂拌热再生沥青混合料在拌和过程中的能耗具体如表 7-6 所示。

表 7-6　铣刨重铺与厂拌热再生沥青混合料拌和过程中的能耗

RAP 掺量/%	能耗/(MJ/t)
0	290.89
10	327.91
30	316.65
50	305.39

7.2.5　摊铺与碾压

一般沥青路面的摊铺、碾压是将已经拌好的混合料均匀摊铺在路面上，并对摊铺的混合料进行整平压实，以满足宽度、厚度、平整度、密实度等方面的要求。其中，摊铺以 4.5 m 以内的摊铺机进行作业，碾压以 8～10 t 的钢轮压路机和25～30 t的胶轮压路机组合作业。综合考虑后场混合料生产效率和实际施工情况，本书以 AC-20 沥青混合料为例，施工速度设为 3.0 m/min，采用规范碾压遍数，计算其摊铺与碾压能耗及温室气体排放量，具体如表 7-7 所示。

表 7-7　摊铺与碾压能耗及温室气体排放量

施工方式	能耗/(MJ/t)	温室气体排放量/(kg/t)
摊铺	8.81	0.66
碾压	12.48	0.93

7.2.6　厂拌热再生沥青路面养护环境效益分析

综合厂拌热再生沥青路面养护方法与传统的铣刨重铺法各施工工序能耗与温室气体排放量，本书分别计算 RAP 掺量为 0%、10%、30%、50%时厂拌热再生沥青路面养护方法与铣刨重铺法能耗与温室气体排放量，确定 RAP 掺量的能耗拐点，分析厂拌热再生技术的环境效益。其中，旧沥青路面铣刨速度取

6 m/min时，具体能源消耗和温室气体排放量计算结果如表 7-8 所示。

表 7-8　厂拌热再生沥青路面环境效益分析

RAP 掺量/%	能耗/(MJ/t)	节能量/(MJ/t)	百分比/%	温室气体排放量/(kg/t)	减排量/(MJ/t)	百分比/%
0	780.59	—	—	62.02	—	—
10	783.24	−2.65	−0.34	59.83	2.19	3.66
30	720.94	59.65	7.64	55.45	6.57	11.85
50	658.63	121.96	18.52	51.06	10.96	21.46

由表 7-8 中的计算结果可以看出，当 RAP 掺量为 10%时，厂拌热再生技术能耗比传统的铣刨重铺技术略高，温室气体排放量略有下降。这是因为厂拌热再生技术相较于传统的铣刨重铺技术，在沥青混合料拌和时加入了第二烘干筒装置，增加了部分能耗。随着 RAP 掺量的增加，厂拌热再生技术可以降低原材料生产、运输过程中的能耗与温室气体排放量，使施工全过程节能减排效果显著提高。由表还可以看出，当 RAP 掺量为 30%～50%时，能源消耗量可节省 7.64%～18.52%，温室气体排放量可降低11.85%～21.46%。因此，为了提高环境效益和节约资源，应在保证路面质量的前提下，合理提高 RAP 掺量，缩短材料运距。

本章小结

通过本章的研究，主要得到如下结论：

(1)生产 1 t AC-25、AC-20 热再生沥青混合料分别比生产 1 t AC-25、AC-20热拌沥青混合料节约材料成本 28.9 元和 42.8 元。

(2)与传统的铣刨重铺技术相比，当 RAP 掺量为 30%～50%时，厂拌热再生技术的能源消耗量可节省 7.64%～18.52%，温室气体排放量可降低 11.85%～21.46%。为了提高环境效益和节约资源，应在保证路面质量的前提下，合理提高 RAP 掺量，缩短材料运距。

参考文献

[1]周艳.道路工程施工新技术[M].徐州:中国矿业大学出版社,2013.

[2]林翔.沥青路面再生利用关键技术研究[D].北京:北京工业大学,2010.

[3]徐剑,黄颂昌,邹桂莲.高等级公路沥青路面再生技术[M].北京:人民交通出版社,2011.

[4]梁晰童,郭丹,初人庆,等. 特种沥青的研究进展[J].应用化学,2023,40(7):951-963.

[5]徐光霁,韩诚嘉,马涛,等. 路网沥青旧料综合再生站点规划与效益[J].东南大学学报(自然科学版),2022,52(1):145-151.

[6]郑晓光,徐健,姚长征. 生态道路的建设理念及实施技术[J]. 筑路机械与施工机械化,2011,28(8):24-29,9.

[7]慈捷元.石油沥青的毒性及职业危害[J].卫生毒理学杂志,2001(3):180-181.

[8]SULLIVAN J. Pavement recycling: Executive summary and report [R]. 1996.

[9]COPELAND A. Reclaimed asphalt pavement in asphalt mixtures: State of the practice[R]. 2011.

[10]WEST R C, WILLIS J R, MARASTEANU M O. Improved mix design, evaluation, and materials management practices for hot mix asphalt with high reclaimed asphalt pavement content[R]. 2013.

[11] SHINGLES R A. Application of reclaimed asphalt pavement and recycled asphalt shingles in hot-mix asphalt: National and International Perspectives on Current Practice[R]. 2014.

[12]戴康瑜，王莉如.沥青路面铣刨回收料的再生利用[J]. 北方交通，2021(3):59-62.

[13]MOLLENHAUER K,GASPAR L. Synthesis of European knowledge on asphalt recycling:Options,best practices and research needs[J]. Synthesis，2012,5: 472.

[14]《中国公路学报》编辑部. 中国道路工程学术研究综述・2013[J].中国公路学报,2013,26(3):1-36.

[15]黄晓明,赵永利,江臣. 沥青路面再生利用试验分析[J].岩土工程学报，2001(4):468-471.

[16]姜利,刘玉磊. 废旧沥青混合料再生利用的试验[J]. 东北林业大学学报,2007(2):88-89.

[17]中华人民共和国建设部. 热拌再生沥青混合料路面施工及验收规程：CJJ 43—91[S].北京:中国建筑工业出版社,1991.

[18]韦琴,杨长辉,熊出华,等. 旧沥青路面再生利用技术概述[J]. 重庆建筑大学学报,2007(3):128-131.

[19]刘军,杨彦海,李和平,等. 沥青再生剂的研究选择[J].环境工程，2004(1):44-46,4.

[20]中华人民共和国交通部. 公路沥青路面养护技术规范:JTJ 073.2—2001[S]. 北京:人民交通出版社,2001.

[21]董玲云. 厂拌热再生沥青混合料疲劳性能研究[D].重庆:重庆交通大学，2013.

[22]吕宁,王俊蒲,刘秋强. 微波养护技术在京沪高速公路上的应用[J]. 筑路机械与施工机械化,2006(11):29-30,36.

[23]朱松青,史金飞,孙铜生. 微波在沥青路面养护中的应用研究[J].材料导报,2007(S2):286-290.

[24]张天琦,崔献奎. 微波技术在公路养护中的应用[J]. 筑路机械与施工

机械化,2007(11):5-8.

[25]中华人民共和国交通运输部. 公路沥青路面再生技术规范:JTG F41—2008[S]. 北京:人民交通出版社,2008.

[26]李庆瑞,王莎. 厂拌热再生混合料的关键施工技术研究[J]. 筑路机械与施工机械化,2016,33(3):72-75.

[27]朱钰,张亚财,牛龙,等. 高掺量 RAP 厂拌热再生在干线公路养护中的应用[J]. 筑路机械与施工机械化,2017,34(5):73-77.

[28]王雪莲,胡林,黄晓明. 沥青路面厂拌热再生工艺关键技术研究[J]. 中外公路,2019,39(1):210-214.

[29]胡林. 路面回收料的关键性能参数研究[J]. 山西建筑,2014,40(25):180-181.

[30]李群. 藏区道路沥青老化特性多尺度研究[D]. 重庆:重庆交通大学,2022.

[31]LI X,WANG Y M, WU Y L, et al. Properties and modification mechanism of asphalt with graphene as modifier[J]. Construction and Building Materials,2021,272:12191.1-12191.9.

[32]张勤玲,黄志义.干湿-冻融循环作用下沥青水老化的微观特性[J]. 建筑材料学报,2020,23(4):920-926.

[33]池育源. 基于微观角度的沥青老化过程流变性能研究[J]. 公路,2021,66(5):269-273.

[34]郭猛,任鑫,焦峪波,等. 沥青及沥青混合料老化与抗老化研究综述[J]. 中国公路学报,2022,35(4):41-59.

[35]SOENEN H, LU X H, LAUKKANEN O V. Oxidation of bitumen: Molecular characterization and influence on rheological properties [J]. Rheologica Acta, 2016, 55(4): 315-326.

[36]张争奇,梁晓莉,李平.沥青老化性能评价方法[J]. 交通运输工程学报,2005,5(1):1-5.

[37]马莉骍.道路沥青的老化动力学研究[D]. 武汉:武汉理工大学,2008.

[38]欧阳君,孙大权,章毅.基于流变性能的 SBS 改性沥青老化动力性能研

究[J]. 重庆交通大学学报(自然科学版),2011,30(3):411-414.

[39]栗培龙. 道路沥青老化行为与机理研究[D]. 西安:长安大学,2007.

[40]陈华鑫,姜艺,李硕,等. 沥青混合料老化后的低温性能[J].长安大学学报(自然科学版),2010,30(1): 1-5.

[41]林璐,李晓林,郑广宇,等. 石油沥青老化性能与其化学组成的关系新探讨[J]. 材料导报,2013,27(16):123-126,135.

[42]王晓锋,梁波,陈玉凡,等. 电位滴定法在沥青研究中的应用及展望[J]. 材料导报,2021,35(23):23076-23088.

[43]单宝龙,孙敬军,高会娟,等. 四组分分析法研究老化改性沥青[J]. 当代化工,2013(6):743-745.

[44]施沈越,孙钟良,张言,等. 基于凝胶渗透色谱技术的沥青老化研究进展[J]. 石油沥青,2018,32(1): 22-30.

[45]吴偲,范思远,王兆程,等. 基于凝胶渗透色谱评价沥青的老化水平[J]. 当代化工,2023,52(7):1573-1576.

[46]洪浩凯,张恒龙,黄立葵. 核磁共振、热分析和扫描电镜用于沥青材料表征的研究进展[J]. 公路交通科技,2019,36(12):15-28.

[47]LI X,WANG Y M, WU Y L, et al. Effect of graphene on modified asphalt microstructures based on atomic force microscopy[J]. Materials,2021,14(13):3677.

[48]孙世恒. 四种路用沥青老化规律及评价方法研究[D]. 湖南:湖南科技大学,2019.

[49]张倩,赵洁,史梦琪,等. 自然因素作用下沥青老化化学机理分析[J]. 西安建筑科技大学学报,2004,36(4):457-459,493.

[50]程英伟,何晓鸣.就地热再生中的沥青再生研究[J].公路工程,2014,39(2):93-95,101.

[51]CORBETT W L. Densimetric method for characterizing asphalt[J]. Analytical Chemistry,1964,36(10):1967-1971.

[52]聂忆华,刘苹,周志刚,等.再生剂对沥青再生机理的影响研究[J].公路工程,2012,37(6):65-68.

[53]曹雪娟,李志豪,张艳红,等.沥青再生剂的再生性能改善与评价[J].应用化工,2021,50(4):896-899.

[54]欧阳自强,朱建勇,袁泉,等.沥青再生剂性能研究与评价[J].中外公路,2016,36(5):294-299.

[55] FULLER W B, THOMPSON S E. The laws of proportioning concrete[J]. Transactions of the American Society of Civil Engineers, 1907, 59(2):67-143.

[56]WEYMOUTH C A G. A study of fine aggregate in freshly mixed mortars and concretes [C]// Proceedings of American Society for Testing and Materials Part Ⅱ. West Conshohocken, PA: ASTM, 1938:354-357.

[57]林绣贤. 柔性路面设计[M]. 北京:人民交通出版社,1988.

[58]WILIAM R V, WILIM J P, SAMUEL H C. Bailey method for gradation selection in HMA mixture design[R].2002.

[59]张肖宁,郭祖辛,吴旷怀. 按体积法设计沥青混合料[J].哈尔滨建筑大学学报,1995(2):28-36.

[60]单景松,杜贝贝. 沥青路面温度场分析及全时域受力特性[J].公路工程,2014,39(1):73-77.

[61]赵延庆,贾渝,曹荣吉,等.交通荷载轴载谱参数的确定及分析[J].中外公路,2007(2):185-188.

[62]KIM S, SHOLAR G, BYRON T, et al. Performance of polymer modified-asphalt mixture with reclaimed asphalt pavement[J]. Transportation Research Record: Journal of the Transportation Research Board, 2009, 2126: 109-114.